結婚って
“なんかいい”

今日もふたり、スキップで

ものすごい愛
MONOSUGOI AI

大和書房

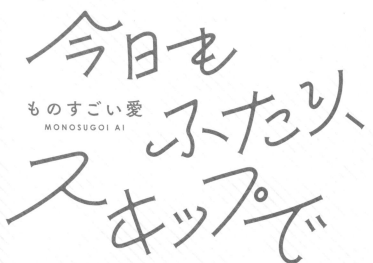

ハア〜
結婚生活って
楽し〜〜〜い!

まえがき

結婚して、もうすぐまる3年になります。

「結婚生活をテーマにしたエッセイ」と言いつつも、日々の結婚生活の中で人様にお話しをするような特別におもしろい出来事があるわけでも、誰かに聞いてもらいたくて仕方がないほどの大きな事件が起きるわけでもありません。

もちろん、多くの人が羨望の眼差しを向けるような華やかな生活でもなければ、「えー！　そんな暮らしをしてるの⁉」と興味をそそられるような一風変わった生活でもないのです。

上手な日と、下手くそな日を繰り返しながら、代わり映えのない毎日を過ごしています。

でもわたしは、そんななんの変哲もない、世界のどこを切り取っても存在するような月並みで平凡な結婚生活が、ほんとうに愛おしくって、楽しくってしょうがないのです。

食べさせたいのはきれいに焼けたほうのハンバーグ、ついでにもう一つ淹れるドリップコーヒー、眠れなくて深夜に誘う近所の散歩、コンビニにアイスを買いに行く本気のじゃんけん、シャンプーを詰め替えるタイミングの攻防戦、寝ているときに手を伸ばせばすぐに届く温度。

愛する人との暮らしの中でふいに生まれる感情、ほんの些細なことのはずなのになんだか大きく感じる幸せ。

そんな他人にとってはどうってことないような、小さな小さな出来事を、「こんなことがあったんだよね」「こういうのってなんかいいなぁと思っちゃってさ」と、気楽な気持ちでお話ししています。

きっと毒にも薬にもならない、でももしかしたら夫婦円満のヒントが見つかる（かもしれない）、ごくありふれたわたしの日常を「へぇ、世界のどこかでとある夫婦がこんな風に暮らしているんだね」と、また気楽な気持ちで読んでいただけたら幸いです。

ブックデザイン
albireo

イラスト・漫画
大白小蟹

タイトル原案
saori・tanaka

今日もふたり、スキップで　もくじ

2 なんだかんだ言ってもさ

3 今日もだれかとふたり

4 暮らしのうらがわ

5 結婚してよかった

わたし

・心身ともに健康で強い

・よく食べてよく飲んでよく寝る

・ガサツで何事もどんぶり感情

・夫のことが大好き

夫

・見た目に反して虚弱体質

・好きな食べ物はレーズンとグミ

・心配性でやさしい

・わたしのことが大好き

1 ねぇ、毎日楽しいね

狭小寝具生活

現在、わたしたち夫婦は京都で暮らしている。

部屋の間取りは１ＤＫ。

はっきり言って、狭い。

同じマンションに住んでいるのは、進学のために地方から出てきた大学生や単身赴任中のサラリーマンなど、一人暮らしの人ばかり。

新婚生活を営む物件ではないということを、生活の中で常に実感させられる。

プライベートな空間なんて存在するわけがなく、相手が寝ているときは物音を立てないよう、小さく静かに行動しないといけないのは言わずもがな。

夫がインフルエンザにかかろうが、急性胃腸炎になろうが、隔離することもできな

1

いし、わたしが徹夜で泣きながら仕事をするのは、いつも台所の換気扇の下だ。

「なぁ！　こんなにもお互い大好きなんだから、さっさと籍を入れちゃおうぜ！」

と計画性もなにもないまま勢いだけで入籍してしまったので、わたしたちの新婚生活は別居というかたちでスタートした。

仕事が忙しくて休みもあまりないし、どうせ死ぬまで何十年も一緒に暮らすんだから別に焦らなくてもいいよね、そのうち落ち着いたら新居でも探しましょうか、とえらくのんびり構えていた。

当時、わたしは勤めていた会社の独身マンションに住んでいた。

勢いだけで入籍した翌日、会社に「結婚しちゃいました～！　ハッピーウェディング～！　名字が変わったので、社員情報の変更よろしくね！」と浮かれた電話をしたところ、人事からは「おめでとうございます」の一言もなく、なんとも含みのある恐ろしい宣告を下されてしまった。

「独身でない人間が独身マンションに住んでいるのは規約違反」

会社員にとって、規約違反ほど避けたいものはない。

だからといって、仕事を急遽《きょ》休ませてもらえるはずもなく、新居探しどうこう以前に、毎夜仕事で疲れた体に鞭を打って荷造りに勤しみ、恐ろしい宣告からわずか1週間で、わたしは夫が一人で暮らす家に転がり込むことを余儀なくされた。


一人暮らしのつもりで住んでいた部屋に、一人暮らしをしていた大人が一人増える。単純に考えても、人と荷物が倍になるのだから、窮屈に感じて当然だ。

加えて、夫はずっと転勤族で日本全国を飛び回っていたものだから、1DKの単身用マンションにもかかわらず、「いつかまた引っ越ししたときにつかうかもしれない」という〝もったいない精神〟で取っておいた荷物のまあ多いこと。

引っ越しのたびに窓の大きさに合わせて購入した何枚ものカーテン。前住んでいた家にはなかったからと、備え付けのものに加えもう一台のエアコン。京都では出番のない、電気代を考えるだけで恐ろしくなるほど大きなヒーター。六人家族なんですか？と聞きたくなるほど広いコタツ……。

1

もともとわたしは北海道出身ということもあり、以前から夫に「いつか地元に帰りたい」としつこいほどアピールをしていたし、夫も「まあ、近いうちに移り住むのもアリかな」とそこそこ乗り気でいてくれたので、近い将来に北海道への移住が視野に入っていた。

たとえそれが叶わなかったとしても、夫の仕事柄いつ転勤があるかわからない。そんな状況で今さら引っ越しをする気力なんて湧くわけも、部屋の大きさに合わせて家具を新調する気持ちになれるわけもない。

こうしてわたしたちは、いつかつかうかもしれない大量の荷物たちに囲まれたまま、毎夜たった一つのシングルベッドで一緒に寝る羽目になった。

幅約90センチのベッドに、ごくごく平均的な体形の成人の男女が一緒に寝ている。そんな状況では、二人同時に仰向けに寝ることは叶わないし、そうなりたいときはお互いがバンザイの格好になり、骨格をごまかしてスペースをつくるしかない。横向きになって膝を曲げるなんてのはもってのほかである。

毎日のように「狭い」「もっとそっち寄って」「ちょっとスペース取りすぎ」「そん

なことない、わたしは面ではなく線で寝ている」「うそつけ、おれなんて点で寝てるんだぞ」「人間が点で寝られるわけがないだろ」という攻防を繰り広げたあと、最後にはそのやり取りに疲れ、まるで仲のよい猫の兄弟のようにわたしたちは小さく抱き合って眠るのだ。

正直なところ、わたしはこの狭小寝具生活にそこまでストレスを感じていない。たしかに狭いけれど、眠れないわけじゃないし、ちゃんと日常生活は送れているし。わたしは眠りが深く、一度寝たらちょっとやそっとのことでは朝まで目覚めない。寝つきもいい。床だろうが、立ったままだろうが、外だろうが、どれほど粗悪な環境であれぐっすり眠れる。

そしてなによりデリカシーがない、細かいことは気にしない。かたや夫はどちらかと言えば繊細で、心配事があればなかなか寝つけず、小さな物音や明かりでも目を覚ましてしまう。

なんとも難儀な性質だから、日々ストレスと疲労を募らせているのかもしれない。

1

そんな夫にストレスを与えている大きな要因が、なにを隠そうわたしである。

気の毒なことに、どうやら寝ているときのわたしはかなり騒々しいらしい。

いびき、歯ぎしり、寝言が大きい、寝相が悪い、寝ている間に脱ぐ、寝顔がブス。

いびきや歯ぎしりは、夫曰く「地獄の音がする」「まるで愛されることを知らない野生の肉食獣」といった豪快さ。

寝言に関して言えば「犬……かわいい……撫でたいね……犬……犬ちゃん……」と隣で寝ている夫を犬に見立てて撫で回したり、「えー！　これおいしいねぇ！　もっと食べる？　わたしのちょっとあげようか？」と大きな声で話しかけてきたり、相当たちが悪いそうだ。

寝相の悪さに至ってはそれはそれはひどいものらしく、頭と足が逆さまになるなんてのは日常茶飯事。夫が着ているTシャツに頭を突っ込んだまま寝たり、うつ伏せで寝ている夫の背中の上に仰向けできれいに重なるように寝たり、すべての布団を剥ぎ取ってわざわざ遠いところに投げ、寒さに震えていたりするらしい。

夫がどんなに力を込めてわたしを押しのけようとしても、てこでも動かないというふてぶてしさ。

夫は夜中に何度も起こされ、騒音に耳を塞ぎ、布団をかけ直したり、脱力して重くなったわたしを力いっぱい動かしたりと、休む暇がないのだそう。


毎朝起きると、いかに昨晩のわたしはひどい寝様だったかと、夫に糾弾される。

「なぜあんなわけのわからない体勢なのに幸せそうな顔で堂々と爆睡できるんだ。せめて寝づらそうな表情をしてほしい」

「おれの布団を剥ぎ取るなら自分のものにしてくれ。なぜ君も寒くて震えているんだ。誰も得していないじゃないか」

「寝相が悪いのは仕方がないのかもしれないけれど、もっとそのそ動いてほしい。普段は鈍臭いくせになぜ寝ていると俊敏に動けるんだ。全くもって理解ができない」

そして最後には決まって「起きているときの君はとってもやさしい天使なのに、寝ている間の君は悪魔でしかない……」とめそめそする。

1

わたしだって、夫のことは心配で、なんてかわいそうなんだ！　と寄り添う気持ちはあるし、愛する人には質のよい睡眠を取って健康でいてほしいとも思っている。

しかし、寝たあとのことは記憶がなく、自分がひどいことをしているという自覚もまるでないので、いくら苦情を言われたところで、どうすることもできない。

毎日のように非難され、意識のない状態を責められるのにもいよいよ飽きていたわたしは、「そんなに言うなら、別々に寝ようよ」「あなたは今まで通りベッドで寝て。わたしは床に布団を敷いて寝るから」と提案した。

しかし、夫は散々文句を言うくせに「嫌だ、絶対一緒に寝る」の一点張り。

諸悪の根源を排除しなければ安眠は訪れないというのに、なぜそんなにもつらい思いをしてまで一緒に寝たいのか。

夫は曇りのない目をわたしに向け、

「え？　君のことを愛してるから以外に理由なんてあるの⁉」

と、心底驚いたように言った。

近々、北海道への引っ越しが決まった。

契約した部屋は、2LDK。

今までと違い、生活空間と寝室が分けられ、寝具を新調することになった。

サラバ、狭小寝具生活。サラバ、夫のストレス。

「今まで我慢していたのだから、マットレスは多少値が張ってもいいものがほしい」

そう主張する夫は、有名マットレスメーカーのそれぞれのメリットとデメリットを比較し、ネットに書かれている様々なレビューを読み漁り、各マットレスのランクやスプリング数の違い、値段と質の整合性に至るまで7時間もかけて調べ尽くし、本気を見せつけてきた。

先日、メーカーの営業や家具屋の店員よりもずっとマットレスに詳しくなった夫に連れられ、実際の寝心地をたしかめるため寝具専門店を訪れた。

一つのベッドに二人で横たわり、「これいいじゃん」「柔らかいのに腰が痛くならないし」「気持ちいいね、きっと寝心地抜群だね」と言うと、すでにマットレス評論家となった夫に「そんな甘い見方をしてはいけない」と一刀両断された。

「ちょっと寝返りを打ってみてほしい」

1

「こう？」

ゆっくりと遠慮がちに寝返りを打ってみる。

「違う！　寝ているときの君はそんなレベルじゃない！　もっと！　ガッシガシ寝返りを打って！　ガッシガシ！」

夫に言われるがまま、目が回るほど勢いよく体を回転させまくる。

わたしがハアハア言いながら動いている横で、夫は目をつむりながら「これはいい、振動がこない。素晴らしい商品だ」と満足したように頷いた。


愛する人と、一緒の寝室で、同じ布団で寝たい。

その一心で、夫は休日返上でマットレスについて7時間かけて調べ上げ、より振動を感じない商品を探し求めた。クイーンサイズやキングサイズよりもずっと割高になってしまう、シングルサイズを二個くっつけるという決断をし、勇ましくレジでカードを差し出した。

わたしと一緒に眠るためなら、多少の時間とお金の消費は厭《いと》わない。

いやはや、愛されていますね。

愛しい毛のゆくえ

夫は、体毛が濃い。

量が多く、根は深く、密度は高く、太くて、強くて、硬い。

髪の毛が薄くなる気配はまるでなく、人よりも伸びるスピードが速いものだから、どんなに短くさっぱり切っても、3週間も経てば「おやおや？　頭に藁《わら》でも乗せているんですか？」と聞かずにはいられない。

くせ毛というかなしい特徴もあるせいで、梅雨の時期になればうねった前髪がハートマークをかたどっている様が見られる。

もしも女性だったら、嫉妬の対象になるほどびっしり生えそろった長いまつ毛。少しでも気を抜けば繋がろうとする、強い意志を持った左右の眉毛。なにから守りたいのか目的がわからない、膝の裏に生えた毛……。

何気なく腕に目をやると、毛に足を取られて血を吸えなかった蚊が死んでいたり、

1

手ぐしで髪をとかせば、毛の硬さと鋭さに指が切れて血が流れたり。

ちょろりと顔を出した鼻毛を抜いてやったときは、昆虫の足のような太さと長さに「もしかしてさっき鼻からカブトムシ吸った？」と真剣に尋ねてしまったこともある。

ここまで言うと「当然胸毛もすごいんじゃ？」と想像する人も多いだろうが、これだけ全身を毛で覆われているにもかかわらず、胸毛は一本も生えていないのだ。DNAの最後の抵抗だったのだろうと、わたしは踏んでいる。


かつては、中性的で体毛の薄い男性が好みのタイプだったが、夫と結婚した今となってはそんなことは心の底からどうでもいい。

むしろ、毛むくじゃらの夫がかわいくて愛おしくてたまらないのである。

お風呂上がりにドライヤーで乾かしたばかりの頭に鼻をうずめたら、お日様のようないいにおいがするし、寝転がっている夫の全身を撫で回せば、穏やかでやさしい動物とたわむれたい欲求がパンパンに満たされる。寝ているときはお気に入りの大きなぬいぐるみが隣にいるような安心感もある。

まるで、ちぎれそうなほどぶんぶんと尻尾を振って向かってくる、洗いたてのゴールデンレトリバーと暮らしているようだ。サイコーである。

しかしある日、夫は「ヒゲの永久脱毛をしようと思う」と宣言した。

たしかに、御多分に漏れず夫はヒゲも濃い。そして強くて、硬くて、伸びるスピードが速く、生えている範囲も広い。俳優の山田孝之さんのそれにとてもよく似ている。毎朝シャワーを浴びたあときれいに剃り落としているのに、職場に着く頃にはすでに青々しくなっているのが、どうも鬱陶しいらしい。夫は「毎朝剃るの面倒だしさぁ」「朝なんて一分一秒が貴重なのに、時間の無駄だなって」「剃りすぎて肌が荒れてヒリヒリするんだよ」「お気に入りの服はヒゲで繊維がやられてすぐボロボロになるし」と脱毛したい理由を次から次へと挙げた。

わたしとしては、ヒゲが伸びた夫の顔を撫でくり回すことが生活の楽しみの一つになっているので、手放しで賛成はできない。

「ヒゲが伸びてるときのあなたはセクシーでとってもかっこいいよ、もったいない」と慰めたのだが、「でも！　下を向くたびに首にヒゲが刺さっていつも痛いんだよ！」と反抗される。

1

「ほら、カレーを食べたあとは口ヒゲに味が残って、時間が経ってからお腹が空いたときにぺろっと舐めたらおいしいよ。非常食にもなるよ」とも言ったのだが「そんなかなしいメリットなんて欲しくないよ！」と一蹴されてしまった。

え～別にしなくていいと思うけどなぁ。まあ肌が荒れちゃうのはつらいけど、上手く剃って保湿すれば大丈夫じゃないの？　永久脱毛って結構高いしさぁ、そんなわざわざ……。

ぐるぐる考えを巡らせて背中を押してあげられずにいると、夫はわたしの手を握り、ついに「だっておれは、好きなときに好きなだけ君に頬ずりしたいんだよ……！」と、脱毛したい〝ほんとうの理由〟をぶつけてきた。

そういえば、夫は理容室へ散髪に行ったとき、一緒にヒゲも剃ってもらっていた。あつあつの蒸しタオルで顔を覆われてから、鋭利な一枚刃のレザーをつかい、プロの巧みな技で根こそぎ剃り落としてもらっている。

せっかく髪をビシッとセットしてもらい、顔もつるつるになっているのだから、どこかで一杯ひっかけたり、おいしいものでも食べたりしてから帰ってくればいいのに。

夫は「早く頬ずりしたい、こんなにも自分の肌がつるつるな状態は1ヶ月に一度、それもほんの一瞬しかない。2時間もすればまた顔面に摩擦が生じてしまうのだから、寄り道なんてもったいないことをできるわけがないじゃないか」と、息を切らしてわたしのもとに帰ってくる。

そんな健気な姿を思い出したら「いいんじゃない、ヒゲの脱毛しなよ」と言うしかなかった。

こうして夫は、ヒゲの永久脱毛に踏み切った。

事前調査を決して怠らない性格のため、医療脱毛を行っている様々な病院を調べて比較し、口コミを読み漁り、周囲の経験者たちに話を聞いて回った。

体験した人からは「3回目ぐらいでだんだん生えてこなくなったよ」「全8回のプランでやったけど、もうほぼ生えてこないね」なんて話も聞いたらしいのだが、自分の毛の生命力をあなどることはできないと、結局、頬、顎、首の3か所すべてに効果が出るまで永久に通い続けられるという30万円のコースを契約した。

その後夫は、一度たりともサボることなく通い詰め、痛みに耐えながら顔面にレー

1

ザーを当てられる定期イベントを、かれこれ3年以上も続けている。

が、なんともかなしいことに、今のところ夫のヒゲが薄くなる気配は全くない。

あまりの効果のなさに「もしかしてレーザーじゃなくて育毛剤を顔面にぶっかけられてんじゃないの？」「脱毛に行くって嘘をついて、実は内緒でおいしいものを食べてるんじゃないの？」と疑う気持ちも湧いてくる。

現時点では、夫は30万円もかけて定期的に顔に痛みを感じているだけ。これでは高尚なドMの遊戯じゃないか。

はたから見れば、無駄だと思われても仕方のない3年間を過ごした夫が、ついに「おれ、もう脱毛行くのやめようかな……」とこぼした。

まあ、気持ちはわかる。

わたしだったらとっくに諦めて行くのをやめていただろう。

それに夫が無駄に痛い思いだけをし続けているのは、わたしだって望んでいない。

でも、あの愛にあふれた、脱毛をしたい〝ほんとうの理由〟を聞いてしまったからには、ここで甘やかすわけにはいかないのだ。

「いいのかそれで！　諦めるのか！　好きなだけ頬ずりをしたいんじゃないのか！　負けんなよ！　己の毛の生命力に！　わたしへの愛で打ち勝てよ！　頑張れ！」

そう励まされ、「そうだよね、ここで負けるわけにはいかないよね……」と決意を新たに、夫は今日もつるつるを目指し、重たい足を引きずって美容クリニックへと向かった。

ちなみにあとから聞いた話だが、その医療脱毛のレーザーというのは、喉仏にだけ当てることができないらしい。

つまり、いつか夫の頬も顎も首もつるつるになる日が訪れたとしても、喉仏の部分だけは、永遠に毛がボーボーに生えたままだということ。

夫が、わたしに思う存分頬ずりできるようになるのはいつになるだろう。

そしてその願いが叶ったとしても、夫の首には五百円玉ほどの黒い円が残る。

なんともまあうまくいかないものだね、とやるせない気持ちになるが、ヒゲがチクチクしようが、まぬけさが残ったつるつるだろうが、どちらの夫の頬ずりでも受け入れる準備は常に整えておこうと思う。

ヒゲが暴れてる
とまらない…
たすけて
わ――っ
ばっ
夢…
ホッ
Z Z Z
スリッ
たわし…？

太るも痩せるもあなたのせい

2年前に会社員を辞めてからというもの、わたしの存在感は日に日に増している。

かつては一日に12時間以上も汗水垂らして肉体労働をしていたのに、現在は家にこもりきりでパソコンに向かって原稿を書く生活。

一日の運動といえば家の中での移動くらいのもので、料理をするときに冷蔵庫の野菜室からでっかい白菜を取り出すのが一番の重労働という有り様。

食料が詰まった冷蔵庫は、目と鼻の先にある。

痩せるはずがない、太るしかない。

夫とデートに出かけても、おいしそうなお店を見かけたらつい吸い込まれてしまうし、たとえお腹がいっぱいでも「家で食べようね」とお土産まで買ってしまう始末。

家で「よーし！　今日はひたすらジャッキー・チェンの映画を観るぞー！」とでもなれば、スナック菓子やチョコレートをつまむ手は止まらない。

1

なぜだろう。サモ・ハン・キンポーを見ていたら、不思議と食欲は増幅する。

規則正しい生活を送りたいと思っているのに、少しでも気を抜けば昼夜逆転生活。

午前4時に寝て午後2時に起きるリズムが定着すると、今食べているのは何ごはんなのかわからなくなり、「こんな夜中に……」なんて罪悪感は生まれない。

どこか華やかな場に行っていろんな人と会う機会でもあれば、「く、くるしい……よそ行き用の服がすべて入らない……」という事態に陥り、一時的にダイエットでもしてみるかと思えるが、そんな楽しいイベントの予定はこれから先もずっとない。

だから、物理的にも、精神的にも、重い腰が上がらないのだ。

そもそも、今の時代に太ってるだの痩せてるだのに言及するのは、多様性もへったくれもない。

太ってる／痩せてるの基準だって曖昧だし、個人の好みはあれど、いちいち見た目で物事を判断すること自体がナンセンスだ。

思春期には、自分の体形を周囲と比べては「痩せてるほうがかわいいな」なんて価値観に囚われたりもしていたが、そんなのは遥か昔の話。

今さら他人と比べて自分の容姿がどうこうなんて、気にしやしない。

ＢＭＩは基準値の範囲内だし、健康上の問題だって何一つない。

わたしはわたしだ。それ以上でも、それ以下でもない。

……とはいえ、自分の中のベスト体重というものがある。

体が軽く、外出したときもなんだか風が気持ちいい。

街中でガラスに映る自分を見ても、ため息をつきたくならない。

なんとなく、なんとなくご機嫌に過ごせる自己満足のベスト体重。

現在のわたしは、それよりもほんの少しだけ……いや、かなりオーバーしている。

言い訳が上手で、自分に甘く、人目を気にしない自分至上主義。さらには生来の怠惰な性格ゆえのこの現状だとは重々自覚している。

しかし、この件に関しては、夫もまあまあよろしくないのではないかと思っている。

わたしが明治のマカダミアナッツ入りチョコレートを「誰にもあげたくない！　一粒たりとも！　どうしても独り占めしたいんだ！」と囲い込んでいても「卑しさが前面に出てていいねぇ」と笑うし、山盛りの白いごはんに卵と納豆をぶっかけてぐちゃ

ぐちゃに混ぜたものをズゾゾ啜っている姿を見ても「ほんとうにおいしそうに食べててかわいいねぇ」とにこにこする。

めそめそしているわたしのために「君の機嫌を取ってあげようね」とパルムを差し出す夫を前にして、誰が食べずにいられるというのだ。

夏は夏でわたしの二の腕を触って「ひんやりしてて気持ちいいね」と涼を取り、冬は冬でわたしを抱きしめて「ハァ〜存在がやさしい」と暖を取る。

決してけなさず、悪意ある言葉を投げかけるわけでもなく、苦言を呈すわけでもなく、骨太でしっかりしたわたしの膝を撫でながら「まるで矢筒だ！　地に足がついているね！」と心から喜んでいる夫と過ごしていれば、ついつい自分を甘やかしてしまう。

こんな風に書けば、夫はふくよかな女性がタイプだと思われそうだが、決してそういうわけではない。

わたしが今よりも痩せていて完璧にメイクをし、きちんと身なりを整えていたときも、国家試験前でぶくぶくに肥え、過去最高記録の体重を叩き出し、風呂にもろくに入らず「勉強したくねぇよぉ〜」と髪を振り乱して大泣きしていたときも、同じテンションで「かわいいね、大好きだよ」と言ってくれていた。

たとえわたしが寝ている間に熱い屁をここうとも、鼻毛を何本も出したままキスを迫ろうとも、酔っ払ってゲロまみれになろうとも、将来しわくちゃのババアになろうとも、夫はいつだってわたしを慈しみ愛し続ける人間なのだ。

この不変の愛は、罪深い。

自分自身がご機嫌に過ごせるベスト体重を取り戻したいとは思いつつも、そのおかげで自分を甘やかしに甘やかしまくる生活から抜け出せない。

そのうち痩せる、そのうちね。

自分で痩せたいと思ったときに、自分のために、わたしはダイエットする、はずだ。

でも、今じゃない。機が熟すときがきっとある。

今日も今日とて、昼間から大量の冷凍餃子と缶チューハイを摂取したわたしの体は、十二分に満たされている。

まるでトドのようにベッドに横たわり、少し傾いてきた太陽と乾いた風を感じながら、スマホを片手にまどろむ。

1

ああ、お腹いっぱいで気持ちいい。もうだめ、落ちそう……。

その瞬間、二の腕に張り裂けるような痛みを感じた。

痛い痛い痛い!!　なに!?

突然の激痛に覚醒し、勢いよく体を起こすと、驚いた表情の夫が目の前にいた。

昼間からだらけきっているわたしに腹を立てた夫が、怒りのままに二の腕を引きちぎったのかと思い「どうしてそんなことするの!」と大きな声で責め立てた。

すると夫は「えっと、一緒にお昼寝しようとベッドに入ろうとしたんだけど、まさかそんなところまで君の二の腕が広がってるとは思わなくて……目測を誤って思いきり踏んじゃったみたい……ごめんね……?」

まさか、そんなところまで、二の腕が、広がっているとは、思わなくて。

こんな、こんな切ないことがあってたまるか。

無言のまま立ち上がり、枕元に転がっていたスマホを開く。

もう、誰にも目測を誤っただなんて言わせない。もう、誰にも二の腕は踏ませない。

いつまでたっても痛みが引かない二の腕をさすりながら、すぐさまパーソナルジムに入会の電話をかけた。

ロックマンはだれのもの

我が家には、大人気の寝巻きがある。

それは、夫が10年ほど前にしまむらで購入した、ロックマンのトレーナーである。

高級だとか、限定品だとか、デザイン性が高いとか、そういうものでは一切ない。

グレーの生地に、ロックマンのイラストがプリントされただけの、言ってしまえばまあまあダサい1980円のトレーナーだ。

なんだったら、長い年月をかけて着倒し、幾度となく洗濯機でぐるぐる回したため、袖口はほつれ、少しヨレヨレになってもきている。

他人からしてみれば、「え？　それのどこがいいの？」と理解ができないだろうが、わたしも夫もこのトレーナーの虜なのだ。


わたしを魅了してやまないこのトレーナーとの出会いは、夫と付き合い立ての頃。

1

家に泊まりに行ったときに、着替えとして貸してもらったのが最初である。

初めてそれを見たとき、（エッ！　ダサッ！　こんなの寝巻きにしてんの？）とひどいことを思ったが、着た瞬間にそんな考えはどこかに行ってしまった。

なんだこれ、着心地がよすぎる。肌触りが抜群にいい。体を締め付ける要素もない。

敏感肌のわたしだが、全く体が痒くなったりしない。

なによりも楽チンで、寝巻きとしてパーフェクトだ。

初対面でえらく気に入ったわたしは、夫の家に泊まりに行くたびにロックマントレーナーを好んで着ていた。

しかし、わたしが気に入ったということは、もうずっと大事に着続けている夫は、それ以上に気に入っているということ。

勝手にタンスから取り出して着るたびに、「おれのロックマン！　取らないでよ！」といつも怒られた。

「いいじゃん、貸してよ！」

「なんでだよ！　おれのなのに！」

「あなたはいつも着られるからいいでしょ！　わたしがいるときはわたしが着る！」

「ひどい！　おれは毎日これを着たいのに！」

たかがしまむらで1980円だったロックマントレーナー、されどしまむらで1980円だったロックマントレーナー。

家ではロックマントレーナーを着て過ごしたい。わたしも夫も、同じ気持ちだ。でも、あのサイコーの寝巻きは我が家には一枚しか存在しないのだから、一緒に住んでいれば当然取り合いになる。
朝、夫がスーツに着替え、仕事に行ったのを見計らってからロックマンのトレーナーを洗濯機に放り込む。
すると、夕方にはすっかり乾いているので、きれいに洗濯されたそれを身にまとい、仕事から帰宅した夫を満面の笑みで出迎える
「いいでしょ、これ。着心地抜群なんだよ」と自慢をすると、「おれのなのに……」と恨めしそうな顔を向けられることもあるが、この立場が逆転することもある。

1

わたしは、寝ている間に服を脱ぎ捨てる悪癖がたまに出る。

夫を出し抜き、ロックマンのトレーナーを着て気持ちよく寝ていたはずなのに、朝起きたときにはなぜか全裸になっていた。

隣で寝ている夫を見ると、わたしが着ていたはずのトレーナーを着ている。

夫を揺すり起こし、「なんで着てる！　寝てる間に剥ぎ取っただろ！　どうしてそんなひどいことができる！」と責め立てた。

「ちがうよ！　夜中トイレに起きたら床に落ちてたんだもん！　だから拾って着ただけだよ！　君が勝手に脱いで投げたんだろ！」

「そんなわけないだろ！」

「ほんとうだよ！　恨むなら寝ている間の自分を恨め！」

それが休日ともなれば、その日は一日中、ロックマンのトレーナーは夫のものになる。

納得がいかない。今度はわたしが夫に恨めしそうな顔を向ける。

でも、ここで負けてたまるか。

夫がシャワーを浴びている隙に、わたしは脱ぎ捨てられたそれをこっそりくすねて着てやるのだ。

　このロックマンのトレーナーをめぐる攻防戦は、かれこれ5年は続いていた。

新しい寝巻きを買えばいいのでは？　と誰もが思うだろう。

そんなこと、わたしたちだってもちろんわかっている。

幾度となく、ロックマンのトレーナー級の素晴らしい寝巻きを探し求め、チャレンジしてきた。

　でも、これまでに試した寝巻きは、一回洗濯したらヨレヨレのくたくたになってしまったり、数回着ただけでものすごい量の毛玉がついたり、タグがチクチクして着心地が悪かったり、洗濯を繰り返しているうちにゴワゴワしてきたり、生地が汗を吸い取らず不快感が残ったり……そんなのばっかりだった。

「これならまあ、いいかな……」と思えるものにも出会えたが、殿堂入りしているロックマンのトレーナーには到底及ばない。

　せいぜい、ロックマントレーナーを奪われたときに仕方なしに着る二軍のトレーナー、妥協の産物である。

1

これほどまで見つからないともなれば、わたしたち夫婦は一生トレーナーを取り合いながら生活をしていくのか……という不安すら抱く。

しかし、昨シーズンの冬。このくだらなくも真面目な攻防戦に、ついに終止符が打たれることとなった。

夫とユニクロに買い物へ行ったときのこと。わたしが肌着や靴下などの消耗品をカゴに入れていると、「ちょっとこっちきて」と声が聞こえた。

「ねぇ、このスウェット、よくない？」

「レディースじゃん、あなたには小さいでしょ」

「君が着るんだよ」

「えぇ～家に二軍の寝巻き、たくさんあるじゃん」

「でも絶対かわいい！　絶対似合う！　おれが買ってあげるから着なよ！」

そう夫に言われるがまま、なんの変哲もない、ただ白いだけのスウェットを買ってもらった。

家に帰り、さっそく着替えてみると「やっぱりね！　かわいい！　なんてかわいいんだ！」と褒め称えてくる夫をよそに、わたしは得も言われぬ快感を感じていた。

なんだこれ、めちゃくちゃいいじゃん……？

着心地、肌触り、楽さ。すべてにおいて、ロックマンのトレーナーを上回る。

もう、わたしは、金輪際、この寝巻きしか着ない。そう、心に決めたのである。


ついに、不動の一位だったロックマンをも凌ぐ素晴らしい寝巻きに出会え、そしてそのきっかけを与えてくれた夫に感謝の意を表し、わたしはロックマントレーナーを譲ってあげることにした。

「今までごめんね、あなたの寝巻きを奪って。もうわたしには新しいトレーナーがあるから、これはずっとあなたが着て」

夫が着ている寝巻きを無理矢理に剥ごうとしていた野蛮なわたしはもういない。

そんな殊勝な態度すら見せられる余裕まで出てきていた。


これで、長きにわたる寝巻きの争奪戦は幕を閉じた……と思われたのだが、その後、夫はわたしの目を盗んでは、たびたび白いトレーナーを奪って着るようになった。

1

「なんでわたしのトレーナー取るの！　あなたはロックマンのトレーナー着てなよ！」

「だって……このトレーナーを着てる君がかわいいから……」

「一つも意味がわかんないんだけど」

「だから！　君が着ると抜群にかわいくなるトレーナーをおれも着たいの！」

「いや、わかんないってば！」

ようやく終戦すると思われた寝巻きをめぐる争奪戦は、不本意ながら新たな幕開けを迎えることになった。

かつては栄光の存在だったはずのロックマントレーナーは、瞬く間に二軍へ降格し、現在はクローゼットの中で静かに眠っている。

贅沢な退屈

いつもより早起きをして、いの一番にカーテンを開けると、窓の外はひどい雨。

出し忘れてベランダに置いたゴミ袋が、強い風に煽《あお》られて転がっているのが見えた。

珍しく夫が平日に三連休を取れたので、ほんとうなら遠出をする予定だった。

それなのに、外は嵐と言っていいほどの悪天候。

遠くどころか、近所のスーパーにすら行けやしない。

明日は晴れてくれるんじゃ……と、テレビをつけて天気予報を確認したが、連休中は雨、雨、雨。雨マークのオンパレード。

淡い期待を打ち砕かれ、せっかくの連休は二人きりで家に引きこもることが早々に確定した。

1

さて、どう過ごそうか。

そんなことを考えながら、冷蔵庫を開けてみると幸い中身は潤沢だった。

とりあえず、素晴らしい朝食でも作って自分の機嫌を取ってやるか。

炊きたての白ごはんに、野菜がたっぷり入ったお味噌汁。

ふるさと納税の返礼品としてもらった、ちょっといい味噌を溶いてやる。

半熟の目玉焼きとカリカリに焼いたベーコン。ホッケの開きと大根おろし。ネギと大葉をわさわさ入れた納豆。炒ったナッツをドレッシングがわりにかけた生野菜のサラダ。小さく刻んだキウイを入れたヨーグルト。

普段なら、こんなにきちんとした朝ごはんなんてつくらない。

納豆ごはんドーン！　フリーズドライにお湯を注いだだけの味噌汁ドーン！　だ。

「いいごはんでしょ」

「いいごはんだね、でもいつもいいごはんだよ」

「つくらないときもあるよ」

「それはそれでいいんだよ」

食事を終え、録り溜めしていたバラエティー番組を観ながら、前の晩に洗濯乾燥機にぶち込んでおいた洗濯物をたたむ。

テレビ画面から目を離さないようにダラダラたたんでいると、夫がやってきて一緒にたたみ始めた。

夫がたたんだバスタオルは、ぐちゃぐちゃだ。

「どうしてそんなに下手くそなの」

「どうしてだろう……」

「まだまだ鍛錬が足りんのう……」

「相変わらずかわいいね」

「ごまかそうとしないで」

きれいにたたまれた洗濯物と、少しだけ下手くそにたたまれた洗濯物をしまい、掃除機をかけていると、浴室から夫がシャワーを浴びる音が聞こえる。

掃除機をかけ終わった頃、髪の毛を濡らした夫が「ついでにお風呂掃除もしちゃった」と出てきた。

「ありがとう、やさしくて偉いね」

1

「君もお部屋の掃除してくれてありがとうね、やさしくて偉い」

なんてことないのに、お互いを褒め称え合い、手を取り合って踊った。

……どうしよう、もうさっそくやることがない。

いつもはこんな風に規則正しい生活をしていないので、時間を持て余している。

ダラダラといじっていたスマホを置き、同じくダラダラとスマホをいじっていた夫に「ねぇ、ちょっとこっちきて」と声をかけた。

「なに？」

わたしの意図をつかめていない夫の手を引いて寝室に向かう。

「ここに横になって」

夫をベッドに横たわらせ、一緒の布団に入る。

「やめてよ、君はいつもほこほこしてて安心感がすごいから、一緒に布団に入ったら絶対に寝ちゃう」

「いいじゃん、今日はなんにも予定ないんだし」

夫の胸をトントン叩いてやると、数分後には静かな寝息が聞こえ始めた。

ウケる、ほんとうに寝た。赤ちゃんかよ。

起こさないように、布団からそろりと出る。

冷蔵庫からレモンサワーを取り出し、キッチンで立ったまま飲み干す。

ッカァ～～～～!! たまんねぇなぁ、オイ。

昼間っからこっそり飲む酒が一番ウマイ。

何度も読みすぎて内容を覚えている漫画を読みながら、ダラダラ酒を飲んで一人きりの時間を楽しみ、2本目の缶チューハイがなくなる頃、ようやく夫が起きてきた。

「もう！ 寝かしつけないでって言ったじゃん！」と怒っている姿がおもしろく、酔いも手伝って大笑いしてしまった。


午後4時半。お昼ごはんを食べていないからそろそろお腹も空き始めたけれど、いかんせん台所に立ちたくない。

いつもなら中食になるところだが、雨足は強くなるばかりだ。

「甘いお菓子としょっぱいお菓子、交互に食べたくない？」

「えぇ～まあ……君が食べたいなら付き合ってあげないこともないけど……？」

1

夫は、仕方なさそうに言うくせに、うれしそうな表情を隠しきれていない。

「ビールは？　飲む？」

「仕方ない、飲もう」

「なーにが仕方ないのさ」

冷蔵庫からビールと3本目のレモンサワー、見つからないように隠しておいたロイズの生チョコと湖池屋のポテチを出し、お互い行儀悪くヒジをついて食べ始める。

「あーまったく、こんなのよくないね」

「悪食ここに極まれり、だね」


いい塩梅に酔いが回り、気分がよくなってきた。

おもむろに立ち上がり、戸棚からナンの素を出して捏《こ》ね、力いっぱい叩きつける。

賞味期限ギリギリのピザ用チーズを冷蔵庫から取り出し、生地で包んで焼く。

ストックしておいたレトルトカレーを温め、器に盛り付け終えてから、いつの間にか自室でパソコンをいじっていた夫に声をかける。

「ねぇ、カレーつくったけど食べる？」

「食べる！」

具がほとんどないあつあつのカレーと、初めてにしては上出来のチーズクルチャ。

「どうしたの急に、今日の夜ごはんはお菓子だと思ってた」

「なんとなく。エネルギーがあり余ってて急にナンを捏ねたくなったから」

「いいエネルギーのつかい方だねぇ」


あーもう、お腹いっぱい。

散々お菓子を食べたのに、さらにカレーまで食べちゃうなんて、罪深い。

満腹感に微睡《まどろ》んでいると、ごはんを食べて元気になった夫が「よし、喧嘩をしたときの予行練習をしよう」と言い出した。

予行練習？　なにそれ？

わたしの質問を無視し、夫はNetflixでジャッキー・チェン主演の映画『プロジェクトA』を流し始めた。

「おれはね、前々から思ってたんだ。もしも取っ組み合いの喧嘩になりそうなときは、カンフーで華麗に戦いたいなって」

1

夫が言っていることの意味は一つも理解できなかったが、とりあえず見よう見まねでやってみる。

「なんかもちゃもちゃしててダサい、あと顔も変」

「顔は普通だよ」

「動きと関係ないんだから変な顔しないで」

「してないってば」

「してるよ、こんな顔だよ」

下手くそで、かたちにならないカンフーもどき。なぜか変に歪む顔。膝をついてゲラゲラ笑う。

気がつけば夜も更け、何一つ有益なことはしないまま一日が終わろうとしている。

つまんない。どこかに行ってなにかをしたい。

外でおいしいものを食べたり飲んだりしたかった！　なんかきれいなものを見たかった！　この前買ってまだ一度も着ていないワンピースを着てデートしたかった！

床に突っ伏してめそめそしていると、窓から湿り気のある風が入ってくるのを感じた。

「ちょっとこっちにおいでよ」とわたしを誘う夫の手には、缶チューハイとビール。

アルコールの誘惑に素直につられ、ベランダに出てみると、いつの間にかキャンプ用のイスが二脚置かれていた。

安くてダサいサンダルを履き、二人で腰をかけ、月も星も見えない夜空の下で、ピッタリとくっついて酒を飲む。

「退屈だったけど、ずーっと仲良しだったね」

「そうだね」

「あとでさ、この前買ったワンピースを着て見せてよ」

「えー仕方ないなぁ」


これを飲み終わったら、かわいいワンピースを着てくるくる回ろう。

今夜も、手をつないで一緒に眠ろう。

目が覚めたら、朝ごはんに今日の残り物を食べよう。

明日雨が上がったら、近所へ散歩に行こう。

なんだかんだ言ってもさ

2

花を愛せない

花の美しさがわからない。花との生活に魅力を感じない。花に感情が動かされたことが一度もない。

いっそ、花を愛する気持ちが欠如していると言ってしまってもいい。

「花を飾ることで部屋が明るくなる」と言う人がいるが、そんなものはカーテンを開けて太陽の光を取り込めばいいだけのこと。

むしろわたしの存在自体が底抜けに明るいので、これ以上明るくなっては目がしょぼしょぼしてしまう気がしてならない。

一輪で数百円もするのに、あっという間に枯れてしまうところもいただけない。

「その儚さがいいんでしょ」と呆れられるかもしれないが、情緒がないのか、その儚さというやつがわからないのだ。

2

一応こんなわたしでも、「花との生活」に対する憧れはずっとあった。

好きな男性からの熱い想いが込められた花束だとか、仕事帰りに偶然立ち寄った花屋さんで思わず購入した一輪だとか、毎週土曜日には花を買って生けるルーティーンだとか、そういうものを取り入れて暮らしたい。

花を慈しむ、情緒豊かな人間というやつになってみたい。


わたしに熱い想いを込めた花をプレゼントしてくれた男性は、夫が初めてだった。つらく寂しかった遠距離恋愛が終わり、近くに住み始めて最初の誕生日に、バラの花束をもらった。

渡されたときは「男性からバラをもらうなんて初めてだ！」といたく感動し、当時はまだ恋人同士だった夫に「なんて素敵なの」「ほんとうにありがとう」「大事にするね」と何度も伝えた。

しかし、その熱量はどうも持続しなかった。

誕生日のお祝いということで気分がよくなり、いつも以上に酔っ払ってガサツになったわたしは、帰宅するやいなや、あろうことか日本酒の空瓶に水を入れ、もらったばかりのバラの花をぶっ刺し、台所に置いた。

弁解させてもらうが、当時一人暮らしを始めたての家に、花瓶などあるはずがない。それでも精いっぱいに、わたしなりに気を遣い、水筒に入れるのだけはやめたのだ。しかも、日本酒の瓶と言えど、一升瓶ではなく四合瓶を選んだ点は評価してほしい。

後日、わたしの家に来た夫が「獺祭」と書かれた瓶に、自分のプレゼントが刺されているのを見て、「あらぁ……」と溜息をついた。

花を愛せない女だと、知られてしまった瞬間である。


次に花をプレゼントされたのは、初めての結婚記念日。

夫の仕事帰りに待ち合わせ、ちょっといいワインとおいしいフレンチを楽しみ、満たされた状態で家に帰るとテーブルの上には花束と手紙が置いてあった。

待ち合わせ前に一旦家に帰り、わたしを喜ばせようと準備してくれていたらしい。

日本酒の四合瓶にぶっ刺されたバラを見たのに、なかなか夫もめげない男である。

しかし、さすがに「切り花をあげてもだめだろう」と悟ったのか、今回くれたのはきれいにラッピングされたカゴに入ったブーケだった。

2

基本的にはサプライズを毛嫌いしているが、このときばかりは感動せずにはいられなかった。

夫を抱きしめ、手を取り合ってくるくる回り、めいっぱい喜びを表現した。

「めちゃくちゃうれしい！」「なんて幸せな記念日なの！」「今度こそ大切にするね！」

……が、最高潮の喜びを味わったあとは、これ以上水分を失うことがないだろうというくらい枯れ果て、ゴミ袋に放り捨てられるまで、一度も世話をされることなく日当たりの悪い玄関に飾られ続けた。

ここでも弁解させてもらうが、一応毎日もらった花のことは見ていたし、「咲いてるね～」「今日も花だね～」と声もかけていた。

でも、ラッピングされた花に水をやっていいものなのか、わからなかったのだ。

わたしは、花を愛せないどころか、そもそも花との接し方がわからないのである。


なぜ、花を大切にできないのだろう。

このままではいけないと、わたしなりに、なにが原因なのか分析をしてみた。

そして、辿り着いた答えは、「家と環境が悪い」

初めて花をもらったときは、朝から晩まで働きづめで、家で過ごす時間はほとんどなかった。

ただ寝に帰るだけの部屋。狭い1K。一人暮らしを始めたばかりということもあり、室内は殺風景。

次にもらったときも、最初と同じく、仕事に追われていた。

一緒に暮らしていたため部屋は幾分か広くはなっていたが、せいぜい1DK。

しかも、夫の荷物が多く、インテリアはちぐはぐだった。

とてもじゃないが、花を飾って映えるような、おしゃれな部屋とは言えない。

そう、わたしが悪いのではない。花を慈しむことを拒むような家と環境がよくなかったのだ。


その後、わたしたちは北海道に引っ越した。

前の家よりもずっと部屋は広く、日当たり抜群、風通し良好。窓からの景色を遮るものは何一つない。マンションそのものは築浅で、なんだかおしゃれな造りだ。

会社員を辞めて家にいる時間が多くなったので、できるだけ居心地のいい空間にし

2

ようと、インテリアにもこだわり、家具も色・素材ともに統一感のある、毎日つかっていてときめくデザインのものを揃えた。

時間はある、環境もいい、家の中は自分好み。

原因はすべて取り除いた。これでもうわたしを陥れる罠は何一つない。

よし、花を買おう。

また日本酒の瓶に生けることになっては台無しだからと、お気に入りの部屋にピッタリの、かわいくて華奢な一輪挿しを購入した。

今までは花束だったからいけなかったのだ。

不器用なわたしは、目を配るものが複数あると混乱する。

初心者には一輪で十分だ。

こうしてわたしは、名前のわからない花を一輪買った。

準備万端である。

しかし、逆にもう言い訳はできなくなった。

自分にプレッシャーを与え、花を愛せない人間なりに、一生懸命愛そうと努力した。

……が、ここまでお膳立てしたにもかかわらず、どうしても愛せない。

全然ときめかない、テンションだって上がらない。

わたしのテンションが上がるのは、キンキンに冷えたレモンサワーと器の底までアイスがみちみちに詰まったパフェだ。

むしろ、花の前を通るたびに「水を変えないと……ハァ、めんどくさ」とストレスを感じるまでになった。

見て見ぬ振りしているのを夫に見透かされ「水変えた?」と聞かれるのも鬱陶しい。「お前のせいで夫に注意されちゃったじゃないか、この花野郎」と、怒りの矛先を向けることすらあった。

もう、諦めよう。

わたしは花を愛せない女、そういう人間として生きていくほかない。

花を慈しむ生活への憧れを捨て、情緒のない世界で未来永劫暮らそう。

そう決意し、落ちてしまうのではないかと思うほどこうべを垂れた一輪の花をゴミ袋に捨てた。


先日、些細なことで夫と喧嘩をした。

2

内容はあまりにもくだらないので割愛する。というか、くだらなすぎてもはや覚えていないレベルである。

たいていのことは、「ちゃんとしてよ！」「ごめんごめん～！　でも怒ってる顔もかわいいね！」「もぉ～すぐそうやって言うんだから～」「えへへ」などと、バカップルよろしく馴れ合い程度で終わるのだが、その日のわたしは虫の居所が非常に悪かった。

「ちゃんとしてよ！」「ごめんごめん～！　でも怒ってる顔もかわいいね！」「うるせぇうるせぇ！　テキトーにごまかして機嫌を取ろうとしてくんな！」「まあまあ……落ち着いて……」

　怒りのエンジンをフルスロットルでブンブン鳴らすわたしから逃げるように、夫はそそくさと仕事へ行った。


　一人きりになった途端、わたしの怒りはおさまった。

　いつも通り家事をこなし、仕事をして、お昼ごはんを食べ、録画していたバラエティ番組を観てゲラゲラ笑い、スーパーへ買い物に行き、「今日は豚ロースが安いから夜ごはんは生姜焼きにしちゃお～」とウキウキしていたほど。

しかし、「すーぐご機嫌になってほんとうにちょろい」と思われるのが悔しくて、夫が帰宅する少し前から「まだ怒ってますからね」というポーズだけしておいた。

玄関のドアを開けた夫が、怒りのアピールをし続けているわたしを見て言った。

「今朝の君はご機嫌ナナメだったから、帰りに花でも買って帰ろうかと思ったんだ」

「こういうときって、そういうので仲直りできるかなって」

「でも、やめたんだ」

「だって君は花を愛せない人間だから」

とても怒っている人間相手に言うようなセリフじゃないはずなのに、あまりに正直な物言いに思わず吹き出してしまい、即席の怒りのポーズは解除された。

わたしは、花を愛せない。情緒はまるでない。

でも、愛する人の「笑顔が見たいから花を買って帰ろう」という気持ちはうれしい。

わたしには、「君に花をプレゼントしようと思いました」という言葉くらいが、ちょうどいいのかもしれない。

我が家のペット事情

毛のある動物が好きだ。

犬も、猫も、ウサギも、文鳥も、カワウソも、馬も、ゴリラも、ライオンも。

だが、残念なことに夫は動物アレルギーである。

犬や猫に限らず、ウサギや文鳥など、毛のある動物は全般的にアウトらしい。

猫をこよなく愛する人の中には、目のかゆみや鼻のムズムズを我慢し、薬を飲みながらアレルギーと付き合いつつ飼っている人もいる。

しかし、夫はひどいときは呼吸ができなくなるレベル。

愛する夫の生命をないがしろにしてまで動物を飼いたいとは思っていないので、ペットのいる生活は結婚して早々に諦めたのだが、それでもやっぱり「毛のある動物を思う存分にモフモフしたい欲」が生まれる。

そのためわたしは、行きつけの犬と、懇意にしている猫の存在をつくり、定期的に犬のやさしいお腹に顔をうずめてスンスンしたり、猫の肉球を長時間眺めたりして、湧き上がる欲求を満たしている。

ただ、気の毒なのは夫だ。

夫は、わたし以上に動物が好きなのである。

SNSでかわいい動物の動画を見つけると、一緒の部屋にいるにもかかわらずわざわざわたしに送りつけ、すぐに見るように口頭で促してくる。

外を歩いているときに散歩中の犬とすれ違えば、「ハァ……かわいい……お尻がぷりぷりだったね……」と愛おしそうな表情でため息をつき、「あんな笑顔でさ、楽しそうにお散歩してさ……あぁ、ずっと幸せなまま長生きしてほしい……」と、胸に両手を当て、見ず知らずの犬の人生に幸多からんことを心から願う。

こんなにも動物を愛し、とてもやさしい心の持ち主なのに、なんて、なんてかわいそうなんだろうと思う。

が、わたしはわたしで、すでによそで動物欲を満たせる生活を送っているので、そんな夫のことなど知ったこっちゃないというのが本音である。

2

京都で暮らしていた頃、夫が突然「信楽焼のたぬきがほしい」と言い出した。

信楽焼のたぬきというのは、蕎麦屋さんの店先に置かれていそうな、まぬけな表情でキンタマを丸出しにしているアレである。

……マジでいらねぇ。

もともと、家に物がごちゃごちゃあるのが好きではないのだ。

なぜなら、掃除が面倒くさいから。

定期的に洗濯をしなくてはいけないぬいぐるみや、掃除のたびに積もったほこりを払わなくてはいけないフィギュアなどは、できる限り排除したい。

日々の掃除を最低限に済ませられるよう、今はやりの〝見せるインテリア〟という存在を、根っから憎んでいる。

それに、当時はまだ狭くて古い家に住んでいたため我慢していたが、いずれ北海道に移り住んだときには、できるだけ自分好みのインテリアにしたいと思っていた。

そこに、キンタマ丸出しのたぬき？　いやいや、勘弁してくれ。

そう突っぱねたが、「でも！　犬や猫と違ってエサ代とかかかんないし！」「毎日散歩に連れて行かなくてもいいんだよ！」「旅行とかも普通に行けるしさぁ……」と、夫はなおも食い下がる。

最終的には「だって……ほんとうは犬を飼いたいけれど、おれはアレルギーで飼えないから……家にかわいい動物がいてほしいんだ……かわいいかわいい言いながら愛でたいんだ……」という泣き落としに陥落し、「もう他に置物の類は買わないからね、一個だけだよ」としぶしぶ了承した。


後日、夫の願いを叶えるため、電車を何度か乗り継ぎ、滋賀の陶器市を訪れた。炎天下、汗だくになりながら、夫の理想とするたぬきを探し求めて歩き回る。

「あまりにもあざとすぎるのは嫌だ」「このたぬきはちょっと冷たそうな表情をしている」「ツヤがありすぎるのは好みじゃないんだ」と、鑑定士のごとく吟味する夫に、わたしは文句一つ言わず、おとなしく付き合った。

全く同じに見えるたぬき二体を手に持ち、「どっちがかわいいかな？」という夫の質問にも（同じ型で焼いてるんだから全く一緒だろうがよ）という言葉を飲み込み、「うーん、右かな？」と真摯に対応した。

2

最終的に「この子だ！　絶対にうちの子にする！」と運命のたぬきを見つけた夫は、鼻息荒く数千円を支払い、帰りの電車の中では大事そうに抱きしめていた。

その後、夫はその信楽焼のたぬきに名前をつけ、それはそれはかわいがっていた。

玄関の一番目立つところに置き、仕事に行くとき、仕事から帰ってきたとき、「かわいいかわいい」と言いながら頭を撫でる日々。

大きな地震があったときは、余震で倒れて割れないよう、枕元に置いて寝ていた。

北海道に引っ越すための荷造りのときは、仕事用のパソコンの次くらいに丁寧に梱包し、「もし割れたら泣いちゃうかもしれない……」と言っていたほどだ。

引っ越してからも、夫は変わらず信楽焼のたぬきを大切にしていた。

これで夫の中の動物欲は満たされ続けるだろうと安心していたのだが、ある日「シルバニアファミリーの赤ちゃんが欲しいんだけど……」と言い出した。

シルバニアファミリーは、沼だ。

一度手を出したら際限がなく、二度と引き返せない。

そこに足を踏み入れてしまうのは、いささか危険ではなかろうか。

そもそも、あんなチマチマしたものを家に置きたくない。

どうせ、なんかの拍子にヒジをぶつけてぐちゃぐちゃになるか、いちいち掃除をするのが面倒になってほこりが積もるのが関の山だ。

ああいうのは、どこの誰かも知らん人間がSNSに載せている写真を見て「わ〜！すっご〜い！」って言うくらいがちょうどいいの！

いらんいらん！　絶対にいらん!!


そう一蹴したことも忘れていた頃、わたしは仕事で東京に行った。

2週間ぶりに自宅に帰り、スーツケースに詰めていた荷物を片づけていると、クローゼットの中に見慣れない紙袋があるのを見つけた。

なにこれ、こんなのあったっけ？

疑問に思いながら紙袋の中を覗くと、夫が欲しがっていたシルバニアファミリー、『マシュマロネズミのみつごちゃん』と、『ペルシャネコの赤ちゃん』がそこにいた。

わたしがいない隙に、こっそり買ってたな……。

2

数時間後、仕事から帰ってきた夫を問い詰めた。

「ねぇ、なんかかわいい動物がうちにいるよね?」

わかりやすく、夫の目が泳いだ。

「シルバニアファミリーの赤ちゃん、買ったの?」

「買ったっていうか、なんか、捨てられてて……」

「捨てられてた?」

「うん、捨てられてた……かわいそうだったし、連れて帰ってほしそうに目で訴えかけてきたから、うちで育ててあげようかと……」

「ふーん、どこで拾ったの?」

「……ビックカメラ」

「ビックカメラで買ったんだね」

「まあ、そういう捉え方もできなくもないとは思うけど……」

なんて、なんて言い訳が下手くそなんだ。

別に、怒ってないよ。

かわいいね、かわいい子がうちに来てよかったね。

そう夫に言うと、さっきまで忙《せわ》しなく泳がせていた目をキラキラと輝かせ、マシュマロネズミのみつごちゃんとペルシャネコの赤ちゃんがいかにかわいいかを、熱心に伝えてきた。

わたしがいない間、たまにクローゼットを開けて「わぁ〜〜〜〜かわいい〜〜〜〜!!」とにこにこしながら眺めていたらしい。

そんなかわいい夫に「そういえば、名前はつけたの?」と聞いた。

信楽焼のたぬきに名前をつけたくらいだから、もちろんシルバニアファミリーにも名前をつけているだろう。

夫は「え? 名前? 〝マシュマロネズミのみつごちゃん〟と〝ペルシャネコの赤ちゃん〟だよ?」と、キョトンとした表情で答えた。

いや、そこは商品名なのかよ。

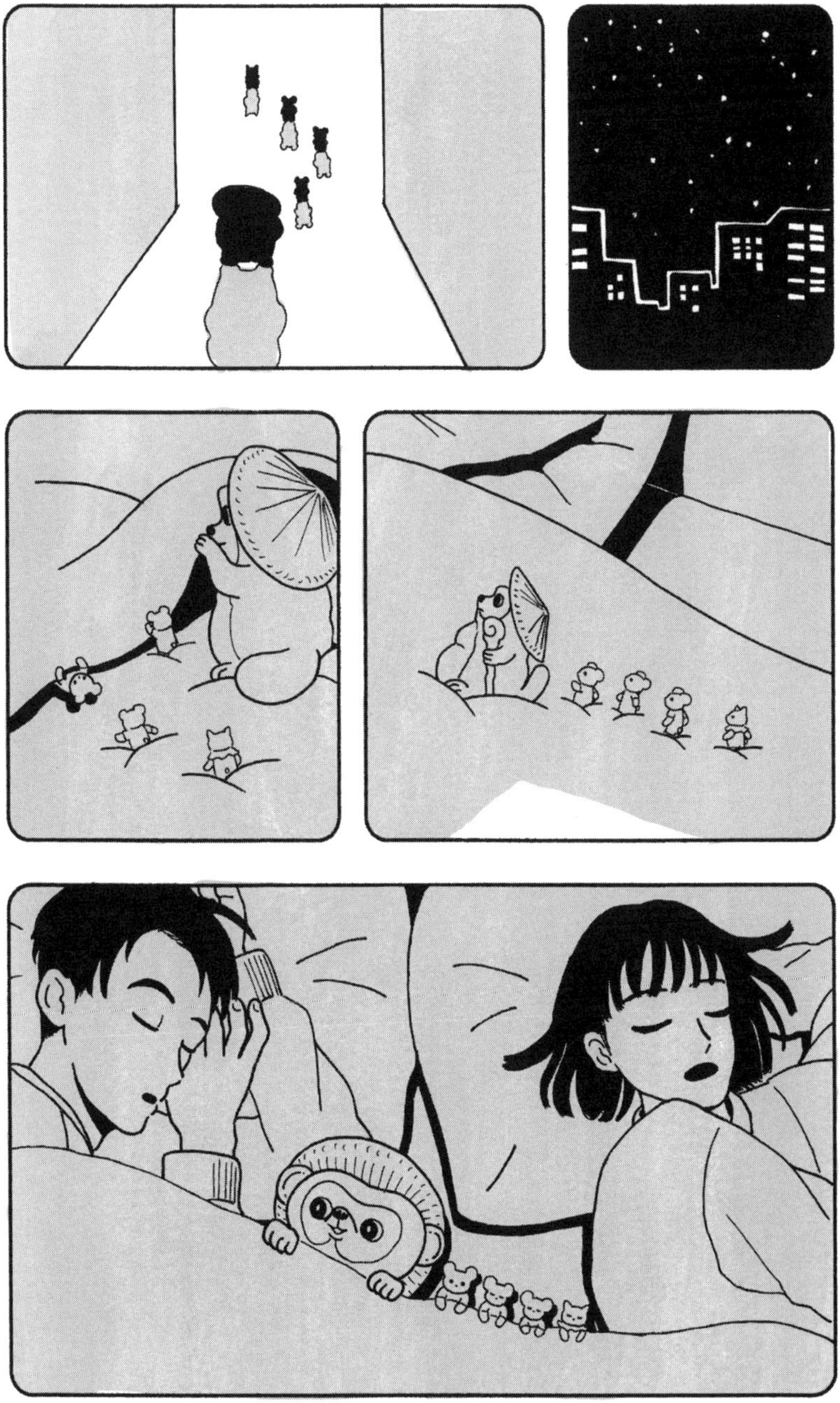

酒に飲まれて、愛に飲まれて

何年か前、ネットで誰かが「酒に飲まれていいのは26歳まで！」と発言しているのを目にした。

当時23歳だったわたしはなぜかそれに感銘を受け、「あと3年か……！」と身を引き締めたものだが、26歳を優に超え、30代に突入してもなお、酒に飲まれ続けている。

わたしは、酒の場が好きで好きで仕方がないのだ。

飲んでも気性が荒くなったり、愚痴っぽくなったりはしない。しかし、〝ザル〟というほど強くはなく、わりと早い段階で酔っ払い、ひらすら楽しい状態で飲み続けられるところが、まあまあタチが悪いと思う。

「よーし！　今日は酒を飲むぞ！」と意気込んで出かけた日には、決まってベッコベコのぐっちゃぐちゃな状態で家になだれ込むのを、ずっと繰り返している。

なにより楽しい酒の場が好きなので、めでたければめでたいほど、酒量は増える。

2

初めて書籍を出したとき、高校生の頃からずっと好きで、授業中に歌詞を写経し、ツアーが開催されるたびにライブに通い詰めていたあるアーティストから本の感想のメッセージをいただいた。

あまりのうれしさにいても立ってもいられなくなったわたしは、深夜にもかかわらず寝巻きのまま家を飛び出し、泣きながら近所を2時間徘徊したのち、コンビニの前で缶チューハイを何本もあけ、這いつくばりながら帰宅した。

後日、そのアーティストと一緒に食事をしたときは、未だかつてない緊張と高揚感でとめどなく酒を飲み続け、憧れの人の前でわたしはとんでもなく酔っ払った。

夢のような時間はあっという間に過ぎ、午後11時過ぎに会はお開きになった。

一人で歩いていると、「夢じゃないよな!? これは人生のピークでは!?」と突然感情が爆発してしまい、体が飛び上がりそうになるのを抑えきれず、自分の泥酔具合を忘れてスキップをしたために、派手に転んだ。

結果、ずるずるになった足の甲から大量の血を流しながら、帰宅する羽目になった。

高校生の頃からずっと仲良しだった友達の結婚式でも、わたしはやらかした。

大好きな友達の晴れ舞台。

新郎新婦の友人がたくさん招待され、参列者は見知った顔ばかり。

例によって酒を大量に飲んだわたしは、例に漏れずご機嫌に酔っ払った。

「こっちが近道だ！」となぜか突然ブロック塀によじ登ったと思ったら、案の定派手に落下し、地面に叩きつけて膝をぐちゃぐちゃにした。

初対面である新郎側の友人に消毒をしてもらい、一緒に参列していた友達に連れられてその子の実家に行き、友達のお母さんに手当をしてもらったのである。

その怪我を負ってからすでに2年経つが、まだわたしの膝には痕が残っている。


そんなわたしに引き換え、夫のなんと真面目なことよ。

あまり強くないせいか、わたしのように質より量でじゃぶじゃぶ飲んだりせず、ちょっと値段の張るいいお酒をちびちび舐める程度。

飲み会で朝帰りをしたことはないし、ゲロをぶちまけている姿を見たことはない。

酒で気が大きくなったわたしがコンビニで大量のエロ本を買い占め、夫に「これあげる！　わたしだと思って大事にして！」と渡しても冷静さを保ち、泥酔して「くさいよう……足がくさくてかなしいよう……」と泣いて帰ってきても、風呂場で服を濡らしながら足を洗ってくれる。

怒ることも、咎《とが》めることもせず、ぐちゃぐちゃになったわたしに水を飲ませ、着ている服を脱がせ、寝巻きを着せてくれる夫。

「君のためを思って言うけど、化粧は絶対に絶対に落としてから寝なさい」と翌朝の肌の心配までしてくれる夫。

いつだって、「とりあえず生きて帰っておいでね」と快く送り出してくれる夫。

2

少し前、友達の結婚式に夫婦で招待された。

新郎とも新婦とも仲がよかったため、これほどめでたくうれしいことはない。

さらには、新婦が酒飲みということもあり、披露宴ではビールやウイスキー、カクテルのほかに、レッドブルウォッカまで振舞われたのには、思わず笑いが込み上げた。

仲のいい友達二人の結婚式。レッドブルウォッカに込められた新婦からの「好きなだけ飲むがいい」というメッセージ。

これはもう、期待に応えるしかない。

午後8時過ぎ。披露宴を滞りなく終え、二次会の会場へと移動する。

一緒に参列していた夫は、翌日東京での結婚式に招待されており、朝の飛行機で北海道を発たなければならなかったため、二次会には参加せずホテルへ帰った。

残されたわたしは友人たちと二次会で酒を飲み、三次会の居酒屋で酒を飲み、四次会のワインバーで酒を飲み、五次会のスナックでもひたすらに酒を飲み続けた。

朝6時半。太陽はとっくに顔を出しているが、まともな感性の人間など誰一人として存在しない集団は、それでもまだ酒を求めていた。

「よし、みんなで焼肉に行こう！」

今思い返してみても、完全に頭がおかしい。

14時間も絶えず酒を飲み続けているのだから、頭がおかしくならないほうがおかしいのかもしれない。

しかし、日曜の朝6時半から酔っ払い十人を受け入れてくれるイカれた焼肉店があるわけがない。

散々さまよい続け、健康的な朝日を浴び続けてようやく「いや、焼肉なんて食べて

2

らんねぇな」と冷静になり、解散することになった。

友達と別れ、一人で駅に向かっていると、遠くに見える知った顔にドキッとした。夫だ。これから東京での結婚式に向かう夫は、ヒゲをきれいに剃り、パリッとしたスーツを身にまとい、ヘアスタイルもビシッとキメていた。

そんな清潔な夫と相反して、一睡もせず酒を飲み続けていたわたしは、ひどく汚い。美容室できれいにセットしてもらった髪の毛はぐちゃぐちゃに乱れ、途中で直すことを諦めたメイクはよれよれに崩れていて、寝起きのすっぴんよりもひどい様相。顔は寝不足と酒でパンパンになり、ストッキングはなぜかビリビリに破れている。むくみきった足は靴におさまらず、靴擦れとのダブルパンチで、ヒールのある靴のかかとを踏んづけ、ずるずる引きずって歩いていた。

雲一つない快晴。さわやかな日曜の朝。それにそぐわないボロボロの姿。手には引き出物の紙袋を携え、あれからずっと酒を飲み続けていたという事実は簡単に見て取れる。

とっさに、（さすがに寛大な夫も、こればかりは怒るだろう……）と身構えた。

しかし、わたしの存在に気づいた夫は、予想に反して、眩しいほどの満面の笑みを向けてきた。

「えー！　まさかこんなところで偶然会えるなんて！　絶対に運命じゃん！」

にこにこしながら、手を繋ごうとしてくる。

いやいや、ちょっと待て。よくこんな出で立ちの女と手を繋げるな。普通嫌だろう。近づきたくすらないだろう。

この無残な姿の女がお前の愛する妻だぞ。いいのかそれで。なにを喜んでいるんだ。

「いや〜すごいね、やっぱりおれたちはすごい。お互い示し合わせたわけじゃないのにばったり会っちゃうなんてさぁ」

見えないのか、わたしのこの姿が。

嗅覚がぶっ壊れていてこの酒臭さがわからないのか。

夫のキラキラした言動に、つい引いてしまう。

本来引かれるべきなのは、わたしであるはずなのに。

電車で隣同士に座っているわたしたちは、はたからどんな風に見えているだろう。

「ほんとうに運命だねぇ……君に会えてほんとうにうれしい……」とひたすら感嘆す

2

る夫をよそに、終始わたしは居心地の悪さを感じていた。

実家に帰るため、途中の駅で降りたわたしは、空港へと向かう夫と車内で別れた。

駅前で客待ちをしていたタクシーに重たい体を押し込み、実家へと帰る。

ふらふらのまま玄関のドアを開けると、ちょうど仕事へ出ようとしている母がそこにいた。

母は、わたしの姿を見て驚いた声を上げた。

「どうしたのアンタ⁉　その格好は‼　結婚式の帰りに暴漢に襲われたの⁉」

わたしはそれほどひどい姿だったのか。なんなんだ、夫は。

「暴漢には襲われてないよ……でも、ものすごく大きななにかには襲われたような気がする……」

そう答え、ひどく疲れきっていたわたしは、化粧も落とさずそのまま自室のベッドに倒れ込んだ。

はじめてのうらぎり

ジェットコースターに乗って出社したい。できれば近所の公園に設置してほしい。わたしが大豪邸に住む大富豪になったら敷地内に建設しよう。

ずっと、そんな願望を持っていた。

あの、内臓を無理矢理に動かされるようなぞわぞわした感覚。普通に生活していたら味わえないスピード感。空に手が届きそうなほど高いところから見下ろす景色。そして、ちょっとだけ死を連想してしまう恐怖。

絶叫マシーンが、たまらなく好きだ。

そうしつこく言い続けていたおかげか、数年前、夫がわたしへの誕生日プレゼントと称し、絶叫マシーン好きの聖地、富士急ハイランドに連れて行ってくれることになった。

2

当時、わたしたちは京都で暮らしていたので、富士急ハイランドがある山梨へは、ツアーに申し込み、夜行バスで向かった。

誕生日の2日前の夜に出発し、翌日の早朝に到着したら、帰りのバスの時間までは自由行動。

一日中富士急ハイランドで遊び尽くし、ホテルで一泊して疲れを癒してから、誕生日当日である翌日も存分に遊んで、また夜行バスで京都に帰ってくる、という算段だ。

「そんなにまる2日間も同じところで遊べるか……?」と心配する夫を「なに言ってんの！　むしろ足りないぐらいだよ!!　全部10億回ずつ乗るぞ!!　そしてわたしの誕生日を盛大に祝うぞ!!」と、勢いでねじ伏せた。

伝家の宝刀、「わたしの誕生日なんだから」をいとも簡単に抜いてやった。

到着してすぐ、わたしたちは深夜バスでの疲労をものともせず、他の乗り物や食事休憩を挟みながらも、目玉とされている絶叫マシーンに片っ端から乗った。

楽しい！　なんて楽しいんだ！　こんなにも楽しい誕生日を過ごせるなんて！　サイコーだ！

「ハァ〜わたしもうここに住んじゃおうかな」

にこにこしながら、パンフレットを見て次に乗るアトラクションを選んでいると、夫に提案された。

「ねぇ、お化け屋敷に行かない？」

……わたしはお化けが嫌いだ。〝この世に存在する恐ろしいものランキング〟があれば二位にランクインする。余談だが、不動の一位は母親である。

それに加えて、大きい音とびっくりするものも苦手だ。

ドーンッ！　とか、バーンッ！　とか、大きい音で驚かされるのが、ほんとうに、ほんとうに……だめ……。

子供が楽しく遊ぶオモチャの黒ひげ危機一発、パーティーで鳴らすクラッカー、運動会で百メートル走をするときに鳴らされるピストル音、すべて体が硬直する。

ふざけ半分に物陰に隠れて「ワッ！」と驚かされようものなら、「この人と親密になれることは一生ないだろうな……」と相手に不信感を抱いてしまう。

それぐらい、ほんとうに嫌いなのだ。

2

要するに、大嫌いなお化けと大きい音で驚かされる状況がかけ合わさった〝お化け屋敷〟なんてのは、恐怖の最たる存在である。

富士急ハイランドは、絶叫マシーンだけでなく、お化け屋敷もレベルが高くて有名らしい。

公式サイトを見てみると「実験の末に息絶えた遺体は冷え切った死体安置室に保管され、最期には灼熱の焼却炉で処理されていた」だの、「被験者たちの絶望が渦巻き、無残な死を遂げた患者の亡霊が今なお棲みついている」だの、いや、絶対やばいやつじゃん！　富士急ハイランドの人、〝本気〟と書いて〝マジ〟と読むやつじゃん！　と、尊敬の念すら抱いてしまうほどのまがまがしい内容が書かれていた。

絶対に、絶対に、行きたくない。誰が行くもんか。

「嫌だ、絶対に行かない」

先に書いた理由を、あらゆる角度から説明し、これでもかというほど抵抗した。

しかし、夫は「せっかく山梨まで来たんだしさ」「もうなかなか来られないよ」「有名なのに行かないなんてもったいないよ」としつこく説得してくる。

両者一歩も引かない状況に、「あなた一人で行ってきなよ、わたしは外で待ってるからさ」と妥協案を出そうとしたが、そこで、はたと気がついた。

わたしは結婚するとき「生涯をかけて、絶対に夫を守り続ける」と誓ったのだ。自分かわいさに、その覚悟を簡単にくつがえしていいのだろうか。

恐ろしい空間に、愛する夫を一人で送り込むなんてこと、していいわけがない。夫への愛があれば、お化けにも、富士急ハイランドの本気にも、己の弱さにも、きっと勝てるはずだ。

勝手に湧き上がった使命感に燃え、わたしはお化け屋敷に乗り込むことに決めた。


中に入ると、まず個室に通され、映像を見せられる。

内容は病院の概要や、歴史、そしてここにどれほどの怨念が渦巻いているのか。

この時点で、あまりの恐ろしさに帰りたくなった。

さすが、「ビビリ・チビりお断り」と書かれているだけのことはある。

余分にパンツを持ってきているわけではないから、万が一漏らしたら困るな、と震えながら、膀胱に力を入れる。

げにも恐ろしい映像を見たあとは、さっそく病院施設を突き進んで行く。

施設のつくりは、複数階層になっている。

扉を開け、お化けが出る部屋を通り抜けると、階段がある。

階段を上るとまた新しい扉が出てくるので、それを開けてお化けが出る部屋に入る。

その繰り返しだ。

階段で驚かされることはないため、一旦心を落ち着かせることもできる。

だが、そもそもわたしはその扉が開けられない。

だって、開けたら絶対にお化けが出るじゃん、そんなの怖いじゃん！

2

ドアノブに手をかけては「もう帰りたい」とやめ、「いや、進まないといつまでも終わらない」とまた手をかける、そんな葛藤を何度も繰り返した。

敵対する他校の生徒を前にしたヤンキーのように「シャオラァ!!　いくぞ!!」と勇ましい大声を上げて己を鼓舞し、なんとか部屋に入る。

……が、こわい！　こわすぎる！　もう無理！　死んじゃう!!

普通はお化けに驚かされたら走って逃げるのだろうが、あまりの恐怖に立ち尽くしてしまい、そこから一歩も動くことができない。

立ち尽くすわたしに、お化けはしつこく恐怖を与えてくる。

わたしにできることは、夫の手を折らんばかりに強く握りしめ、濁った声で叫び続けることだけ。

「キャー！」とか、「こわ～い！」とか、かわいい声なんて上げられるものか。

顔をぐじゃぐじゃに溶かし、バッチリキメたメイクがドロドロに崩れようが、とめどなく流れる涙を拭うこともできない。

「今日は誕生日なのに！　なんでこんなことするの!!　ひどいことしないで!!」

「わたし誕生日なんで!!　そういう感じのサプライズはほんとうにいらないんで!!　やさしい感じのやつを望んでいますので!!」

割れんばかりの声で泣きながらお化けに訴えるも、当たり前だがなんの効果もない。

もしかしたら、お化けも脅かしながら心の中で「ハッピーバースデー……」くらいは思ってくれていたかもしれないが、さぞかし「は？　知らんがな」という気持ちになっていただろう。

しかし、恐怖に包まれたわたしは「誕生日なんです、だからやさしくもてなしてく

2

ださい」という一点でしか抵抗することができないのだ。

夫にはこの伝家の宝刀が効いたのに……なぜだ⁉　と混乱もしていた。

おどろおどろしいＢＧＭ、クオリティが高すぎるお化けのうめき声、他の客たちの絶叫に紛れて、時折聞こえる「わたし誕生日です！」という謎のアピール。カオスだ。

要所に設置されたリタイア出口を見つけるたびに、「もうここから出てリタイアしなよ」と夫に促される。

いくらわたしが「一緒にここから逃げよう」と泣きながら腕を引っ張っても、一生のお願いだからとすがっても、「いや、おれはもったいないから最後まで行くよ」と断られてしまう。

こんなにも恐ろしい場所に、夫を一人残して逃げることはできない。だから、わたしも次の扉を開けて先に進むしかない。

だって、夫を守るって決めたから。まあ、実際はなにからも守れていないのだけれど。

そんなやり取りを繰り返し、おそらく7割ほど進んだところで、ついに限界がきた。

泣きすぎて吐き気を催すほど頭が痛み、叫びすぎて喉はかれ、恐怖のあまり体の震えが止まらず、歯はガチガチと音を立てるようになった。死の淵がほんとうに見えてきた。

「ごめん、もうわたし、あなたを守れない」

そう言い残し、夫を置いて、その場から一人逃げ出した。

人間、窮地のときほど本性が出るとはよく言ったもので、散々「わたしが一生守るからな！」「絶対に見捨てないからね！」と大口を叩いていたくせに、この有様だ。

なにが愛だ、なにが覚悟だ。

結局は自分かわいさに、愛する人を見捨て、一人で逃げたのだ。

なんて、なんて最低な人間なんだ。

雲一つない、澄み切った青い空の下。風は生温いはずなのに、寒気が止まらない。

恐怖から解放され、とっくに治っているはずの、吐き気も、頭痛も、体の震えも、一向になくならない。

2

どれくらいの時間が経っただろう。

人目もはばからず一人で大泣きしていると、夫がにやにやしながらわたしのもとに近づいてきた。

申し訳なさに喉が詰まり、これ以上出ないと思っていたはずの涙の量がまた増えた。

絶望と涙でぐちゃぐちゃになったわたしの顔を見て、夫は声を上げて笑った。

「誕生日は今日じゃなくて明日でしょ、嘘をつくんじゃないよ」

さっきまでの後ろめたさはどこへやら。

小さな嘘を指摘され、恥ずかしくなったうらぎり者のわたしは、赤くなった顔を見られまいとそっぽを向いた。

そういう日だから

8月19日、午後9時。中途半端に火が通った鶏肉を眺めながら、わたしは茫然と立ち尽くしていた。大きなため息をつき、肩を落としてうなだれながらも、膝から崩れ落ちそうになるのだけは、なんとかこらえる。

それでも、込み上げてくる涙だけはどうしても我慢できない。

ほとんど絶望に近いものを感じ、ウゥ～ッと低く唸り声を上げた。

「役所と銀行に行ってくるね、そろそろ君も起きたほうがいいんじゃない?」と夫に揺すり起こされてスマホを見ると、時刻はすでに午前11時を回っていた。

「いってきます」という声とともに玄関のドアが閉まる音が聞こえた瞬間、「別に起こさなくてもいいのに……」と不満が口から漏れ出た。

寝起きだからというわけではない、思ったよりもずっと低かった自分の声に(ああ、

2

今日のわたしはなんだか機嫌が悪いな）と気づく。

のそのそとベッドから出たものの、顔を洗う気にもなれず、誰もいないリビングの床に転がり、スマホで芸能ニュースを見る。

別に、芸能人のニュースなんてどうでもいい。

むしろ、やれ不倫だの炎上だのと、鬼の首を取ったように想像だけで囃《はや》し立てているメディアのあり方に不快感を覚えているほうだ。

見なければいい。自分の気持ちがすり減るものなんて。

それでも、興味を引くために、作為的に意地の悪いまとめ方をしている見出しをタッチする指は止まらない。

次第に、今じゃさっぱりテレビで見かけなくなった某グラビアアイドルの現在やら、一世を風靡《ふうび》した某アイドルグループの解散の真相やら、信憑性がまるでない記事にまで飛んでいき、働かない頭で流し読みする。

なにをしているんだ、ほんとうに。

こんなものを見るためにスマホをいじっているなら、仕事のメールの一つでも返せばいいものを。

昨日から放置したままの食器でも洗えばいいのに。掃除機でもかければいいのに。毒にしかならない記事を読み、広告料で儲けさせてしまっている自分に嫌気がさす。

床に転がったまま動けずにいると、汗だくの夫が帰ってきた。

「ただいま、外はいい天気ですごい暑かったよ」

「……おかえり」

「なにしてたの？」

「別に、なにもしてないよ」

「なにもしてないってことはないでしょう」と笑われたが、ほんとうになにもしていないのだから、こう答えるしかない。

「やることがないなら、喫茶店でコーヒーでも飲んできたら？　原稿書いてくればいいじゃん」

「まだ締め切りに余裕あるし」

「こういうときこそ、早め早めの行動だよ」

2

「あーもう、うるさい」

着替えるのが面倒くさい。顔を洗って髪の毛を整えるのが面倒くさい。それ以上に起き上がることすら面倒くさい。

外に出たら絶対に汗をかく。帰ってきてすぐにシャワーを浴びなくてはいけないことを想像しただけで、体が重くなったように感じた。

「じゃあ、一緒になにか映画でも観る？」

「見たくない、忙しいし」

「アイス食べる？　パルムあるよ」

「太るからいらないもん」

夫がわたしを気遣って提案してくれているのはわかっているのに、口から出てくるのはどうしたって冷たくて棘のある言葉ばかり。

自分でも、なぜこんなことを言ってしまうのかわからない。

「生理前で体調でも悪い？　大丈夫？」という何気ない心配に、「なんでもかんでも機嫌が悪いのをホルモンバランスのせいにしないでよ！」と思わず大きな声が出た。

突然の大きな声に驚き、「どうしたの?」とわたしを引き寄せようと伸びてきた手をかわし、顔を精いっぱい歪ませ、しかめ面を向ける。

まがまがしいオーラを感じ取った夫は「今日の君はどうしようもなく機嫌が悪いねぇ」と、触らぬ神に祟りなしとばかりにゲーム機を持って寝室に逃げ込んだ。

自分から突き放したくせに、いざほんとうに距離を取られると腹立たしい。

すぐさま後をつけて寝室へと向かい、ゲームをしている夫の隣に寝転び、まるで駄々っ子のように鼻をフンフンと鳴らし、意味もなく体を揺らしてアピールをする。

なにか嫌なことがあったわけじゃない。忙しくて余裕がないわけでもない。生理前でイライラしているわけでもない。ただ、理由もなく、なんとなくムスムスしてしまう。

それをそのまま言えばいいのに、なぜか言語化できない。

全く相手にされないまま、嫌な自分から目を逸らすように眠りに落ちた。

ふと気が付くと部屋は真っ暗で、隣にいたはずの夫もいない。

午後8時半。スマホの時刻を見て、より一層自己嫌悪に陥る。

2

リビングで一人、映画を観ていた夫に「どうして起こしてくれなかったの」と自分勝手な怒りをぶつける。

「起こしたよ。何度も起こしたけど、起きなかったんだよ」

「起きなかったら、起こしてないのと一緒だもん！」

そう吐き捨て、ドスドスと大げさな足音を立てながら台所へと向かう。

なにかつくろうと冷蔵庫を開けてみるも、なにも浮かばない。なんの気力もわかない。なぜだか無性にかなしくなってくる。

冷蔵庫から聞こえる「早く閉めてください」という電子音を無視し、開けっ放しのまま動かないでいると、後ろから「うどんでもつくろうか？」と声をかけられた。

ムッとして、「今わたしがつくろうとしてるのに？」と思わず嫌味で返してしまう。

夫の気遣いに甘えればいいのに、素直になれない。

いつもなら、「わたしがつくるから大丈夫だよ、ありがとう」と断れるのに、「えー！つくってくれるの？　やったー！」と素直に甘えられるのに、なぜかできない。

鶏南蛮蕎麦でもつくるか。冷凍しておいた鶏肉を皿に入れ、電子レンジで解凍する。

力任せにネギをぶつ切りにし、鍋でお湯を沸かしていると、レンジの音が鳴った。食べやすい大きさに切ろうと、解凍した鶏肉をまな板の上に置いた瞬間、すべてが嫌になってしまった。

やってしまった。解凍じゃなくて、普通にあたためボタンを押しちゃった。鶏肉には、中途半端に火が通っている。もうやだ。

いつものわたしは、もっといいやつなのに。

明るくて、元気で、前向きで、体だけじゃなく心も健康で、ちょっとやそっとのことじゃクヨクヨめそめそしない。

自分のそういうところが長所だと思っていたし、夫もわたしのそういうところが好きだと言ってくれている。

わたしは、いつだって自分の感情をちゃんと言葉にしてきた。言葉を怠らないことは、円満な結婚生活を送るためには必要不可欠だと思っていた。

たとえ上手に伝えられなかったとしても、「上手に伝えられないんだよね」という事実を言葉にして伝えられる人間だった。

2

そんな簡単な言葉も出てこない今の自分が、ほんとうに情けない。

ずっと、勝手に機嫌を損ね、その理由を言わず、言う努力もせず、相手が察してくれるまでムスムスし続けている人間が嫌いだった。

でも、この様だ。わたしはなりたくなかった人間になってしまっている。

こんな風にウジウジ考えてしまっている時点で、ぜんぜん明るくない。前向きじゃない。健康じゃない。

どうして今日はいつものように、明るく楽しく過ごせないんだろう。

感情をコントロールできないことへの戸惑い、それに対する自己嫌悪、そんな不甲斐ない自分に見て見ぬ振りをして持ちこたえていたのに、中途半端に火が通った鶏肉にダメ押しされ、涙が出てくる。

お湯を沸かしていたコンロの火を止め、ぶつ切りにしたネギも、中途半端に火が通った鶏肉もそのままに、財布を片手に寝巻き姿のまま家を出た。

歩いて10秒のところにあるコンビニでカツカレーを二つ手に取り、「温めお願いします、袋はいりません」と早口で伝え、さっさと金を払って店を後にする。

裸のまま持ち帰った温かい二つのカツカレーを「今日はもうこれね、もうすべてが無理だから」と夫に差し出した。

イスに座り、「いただきます」も言わず、無言でカツカレーをガツガツ食べるわたしに、夫は「今日はそういう日なんだねぇ」と笑った。

いつもの君は、明るくて前向きで素直で、きちんと自分の感情を言葉にしている。

でも、なぜだか上手にできない日もある。

たまたまできない日があったからといって、君自身がそういう人間なわけじゃない。

偶然顔を出した悪い部分に、いつものいいところが飲み込まれるわけじゃない。

君がいつだって明るくて前向きで素直な人間だってことは、ちゃんとわかってるから大丈夫だよ。

「だから仕方がないよ、誰にだってそういう日はある」となんでもないように言われ、「今日は〝そういう日〟」だと受け入れることができた。ようやく、諦めがついた。

〝そういう日〟だった今日は、もうすぐ終わる。

トーキョー・コンプレックス

何気なくつけていたテレビから、女性アナウンサーの「本日、新しい複合施設が東京の○○にオープンしました！」という明るい声が聞こえるたびに、「ハァ、まーた東京ですか」といつもうんざりしていた。

所狭しと埋めつくされた土地、見上げれば首が痛くなるほど高いビル、入れ替わりの激しい飲食店、どこにいても目の前にあるコンビニ、日本初出店の海外のショップ、待つ必要のない電車、流行の最先端。

複合施設はすでに腐るほどあるだろう。イオンさえあればすべて事足りるだろう。これ以上、便利になりようがないだろう。

昔から、東京に対する漠然とした憧れがあった。

わたしが生まれ育ったのは、北海道・札幌市の隣町。

車がないと不便だけれど、別になくてもなんとかなる。噂話しか娯楽がないというほど田舎でもない。

自慢できるほどの特産品や観光名所は一つもない。札幌のベッドタウンという立ち位置。

なんともまあ、中途半端なところだ。

もちろん、札幌の中心部も十分に都会ではあると思う。

人はたくさんいるし、おしゃれな店もそこそこある。朝までやっている居酒屋もある。必要なものはだいたい揃う。

北海道が嫌いなわけじゃない、むしろ好きだ。

それでも、わたしはずっと東京に憧れていた。

雪深い冬しか知らないわたしは、漫画の中の登場人物たちが静かに降る雪を見て「ホワイトクリスマスだ！」と喜んでいる描写に違和感があった。

溶けかけの雪道を歩き、ムートンブーツをべちゃべちゃに濡らしていたわたしは、桜が舞い散る中の卒業式がうらやましかった。

好きなアーティストのイベント、憧れの作家さんのサイン会、インターネットのオ

2

フ会、『王様のブランチ』で特集されるおしゃれなお店、そういう楽しいことはいつだって東京にあった。

大学を卒業したら、自分は東京で就職するものだと思っていた。

別に、わたしの仕事は上京しないとできないわけじゃない。夢を叶えるために東京に行きたいわけじゃない。

なんとなく、なんでもありそうで、おもしろい人とたくさん出会える気がして、楽しいことを経験できそうで、具体的には思いつかないけれど、なんかのイベントとかに行ったりしたい。

そんな風に思っていたが、大した覚悟も明確な夢もなかったからか、わたしは就職活動の少し前に夫と出会い、結婚してくれるという言葉を信じ、東京ではなく大阪で就職することになった。

東京に行きたいという気持ちは、その程度だったのだ。

それでも一度でも抱いた憧れは、たとえどれほどくだらないものだとしても、実際に経験をしなければいつまでも心にくすぶり続ける。

大阪での就職を決めたときも「上手くいかなかったら東京に行こう」、結婚を前提に夫と付き合っているときも「いつか東京に引っ越したっていいんだよな」とずっと思っていた。

しかし結局東京で暮らすことはなく、結婚したあとは京都に引っ越し、現在は北海道に戻ってきた。今後、東京はおろか北海道以外の場所で暮らすことはないだろう。

今さら住みたいとは思っていないが、かつて夢見た東京での生活を一度も経験することなく人生を終えると思うと、「うらやましい」「いいなぁ」という憧れをこじらせて、なんだか憎たらしくなってくる。


テレビで芸能人が都内の地名を挙げ、誰もがそのイメージを共有している前提で話しているのを見ると「全員が六本木や赤羽をどういう街か知ってると思うなよ！こっちからしたら千葉も神奈川も埼玉も全部東京だ！」とイライラした。

地方から上京する女の子の物件探しに密着する番組で、演者が「6万円で代官山なんて住めるわけないでしょ〜！」とバカにしたようなリアクションを取る姿に「そん

2

なの最初から知ってるわけないじゃん……」と女の子に感情移入をしてかなしくなった。

インタビューで、キャリアアップだの自己実現だのと当たり前のように聞かれても「地方ではあまり聞かない、都会ならではの考え方だなぁ……」としか思えず乾いた笑いが出たし、東京在住ということを前提に映画の試写会に招待されるたびに「行けないですね、なぜなら北海道在住なんで」と嫌味で返していた。

なーにが東京だ。クソッタレ！

生まれも育ちも東京の友達も、北海道から上京した友達も、変わらず好きだ。

そもそも、嫌いになれるほどわたしは東京のことをよく知らない。

それなのに、なぜかわたしは〝東京〟という概念が嫌いで嫌いで仕方がなかった。

そんなこじれた気持ちを持て余しながら過ごしていたある日、本の出版プロモーションを兼ねて東京に行く機会があり、友達の家に2週間滞在させてもらうことになった。

これまで何度か観光や遊びで行ったことはあったが、たいてい二泊か三泊程度。

仕事という名目ではあるものの、2週間の滞在ともなれば、そこで暮らしているような気分を一時的にでも味わえる。

憎たらしい気持ちを抱えつつ、現金にも〝疑似東京ライフ〟に胸を高鳴らせながら、飛行機に乗った。

しかし、長く滞在しているうちに、なんだか拍子抜けしてしまった。

たしかに、なんでもあってすごく便利だったし、テレビやネットで見て「いいなぁ、行きたいなぁ」と思っていたお店にもたくさん行けた。電車は待たなくてもすぐに来る。東京はすべてにおいて選択肢が多かった。

なんだったら、末端中の末端のエッセイストにもかかわらず、「先生」だなんて呼ばれて少しだけチヤホヤもされた。

なんとなく洗練されたように感じる〝東京っぽい〟人とも知り合えたし、憧れの人と一緒にお仕事もさせてもらえた。

おしゃれな街のものすごく高いビルの中で受けた取材。いつもより少しだけ着飾って、雰囲気のいいお店でする打ち合わせ。どれも、初めての経験だった。

2

実際に東京で暮らしたら、生活は今よりもずっと華やかになるのかもしれない。

かつての東京に夢を見ていたわたしだったら、恐らく「このままここに住みたい」と思っていただろう。

打ち合わせからの帰り道、慣れない高いヒールでよたよた歩きながら、北海道でわたしの帰りを待つ夫に電話をかける。

「今日ねぇ、すっごい高いビルで取材受けて、おしゃれな店で打ち合わせをしたよ」

「すごいねぇ、どうだった？」

「楽しかったよ」

「東京、満喫できてる？」

「うーん、満喫してるつもりだけど、帰りたくなってきちゃった」

普段の生活では会えないような人たちと会話をするうちに、電車の中や飲食店で周囲の人たちの会話を耳にするうちに、肩の力がふっと抜けていき、肥大しきっていつの間にかかたちを変えていた、かつての憧れはきれいに消えていた。

東京は、ただ人が住んでいるだけの街。

みんな、ただ東京という街に住んでいるだけ。

場所は違えど、わたしと同じように、様々なかなしみに折り合いをつけ、その中でも幸せを見出し、愛する人と好きなものを大切にしながら、みんな普通に暮らしている。

それに気づいたから、もう東京は憧れの場所でも、非難の対象でもない。

北海道は電車の本数が少なくて車がないと少し不便だけれど、喫茶店よりもラーメン屋のほうが多いけれど、冬は耳がちぎれそうなくらい寒いけれど、本の発売日は東京よりも2日遅いけれど、ちょっとだけ煩わしいこともあるけれど。

それでもやっぱり、愛する人たちと大好きなものがたくさんある北海道が、わたしのいるべき場所なんだろうね。

今日もだれかとふたり 3

愛すべきクソババア

わたしの母は、端的に言ってクソババアだ。

多くの人が想像するであろうクソババアのイメージをすべて網羅しており、見ていると要所要所で「マジでクソババアだな」と思う。

声がでかく、人の話を聞かず、何度も何度も同じ話をし、口が悪くてむちゃくちゃな暴論を振るい、デリカシーは皆無。この世は自分を中心に回っていると信じて疑わない、天上天下唯我独尊人間。

韓流ドラマをこよなく愛し、今はやりの芸能人がバラエティ番組に出ていれば「ようわからんけど嫌い！」とテレビに向かって吐き捨て、未だに若貴問題についての情報をわたしに伝えてくる。

昔から、実家には友達がよく遊びにきていた。派手めなファッションの友達を「そのスカート変な柄だね！　ババアの家のカーテンかい！」とディスり、転職をした友達には「で、給料いくらなの？」と込み入ったことを聞き、男友達が恐妻家エピソードを話せば「さっさと別れな」と無責任に離婚を促し、離婚した友達には「離婚の餞《せん》別《べつ》に連れてってやるからスピッツのライブチケットを取りな」と命じる。

　夫もそのクソババアっぷりには何度もあてられており、実家に帰れば母の好きな韓流ドラマの話をひたすら聞かされ、長期休暇でヒゲを伸ばしていればなんの断りもなくいきなり顎を撫でまわされ、「ほら！　お父さん！　ばあちゃん！　モジャモジャで気持ちいいからみんな触りにおいで！」と勝手に着ぐるみのような扱いをされる。

　以前、わたしと夫、そしてお互いの母の四人で食事をした際、義母が「うちの息子は影が薄くって〜」と言ったときに、「たしかに〜！　うちに来てもいるんだかいないんだかわからんわ！　ガハハハ！」と笑ったときは「おい、ババア！　いい加減にそのうるさい口を閉じろよ！」と言いそうになったほどだ。

　あまりのクソババアっぷりに、娘としてヒヤヒヤする場面は多々あるし、「やめてくれ……」とうんざりしたこと、「いい加減にしてよ！」と怒ったことは、数えきれないくらいある。

　なのに、母は不思議と人から嫌われたり、邪険にされたりすることはない。

「ババアの家のカーテンか」と服装をバカにされた友達は「なんかやみつきになっちゃうよね」と笑っていたし、給料を聞かれた友達は素直に笑いながら金額を答え、ライブのチケットを取れと命令された友達は「あんたのお母さんに言われたら逆らえないわ〜」と入手しようと頑張っていた。

学生時代、授業が終わって家に帰れば、わたしの友達と母が二人きりでしゃぶしゃぶを食べていたこともあったし、未だに弟の友達は元旦から実家にやってきておせちとお雑煮を食べている。

散々な言われようにもかかわらず、わたしの友達も弟の友達も、母の傍若無人な発言に引いたり怒ったりすることなく、いつだって「相変わらずのクソババアっぷりだね」とゲラゲラ笑っている。

夫までも、「気を遣わなくていいからほんとうに楽だよね」と言ってくれる。

クソババアは、クソババアなのに、なぜかみんなから愛されているのだ。

わたしは中学生のとき、一時的に登校拒否をした。

別にいじめられたわけではない、友達がいなかったわけでもない。

3

でもなんとなく、息苦しさを感じ、上手く立ち回れない自分が情けなくて、そんな状況がつらくてたまらなくなり、母に決死の思いで「学校に行きたくない」と伝えた。それまで、成績優秀で部活動に精を出し、生徒会長まで務めていた、誰がどう見ても優等生の型にハマっていた娘の申し入れに、きっとショックを受けるだろうとビクビクしていた。

しかし、意外にも母の反応は「あらそう、じゃあ洗濯とお風呂掃除しといてね」と、非常にあっけらかんとしたものだった。

いつもと変わらぬテンションで「うちの娘、登校拒否しますね」と学校に電話をかけ、焦って家庭訪問を申し入れる担任に「面倒なんでいいです、本人が行きたくないって言うから行かせないだけなんで」と言い捨て、さっさと仕事に向かった。

それから、わたしは誰にも会わず、誰とも連絡を取らず、家の手伝いをする程度で、ひたすらダラダラする引きこもり生活を送っていた。

しかし、なにも言わない、なにも聞いてこない両親に「こんなものなのか」と拍子抜けし、登校拒否生活にも1週間ほどで飽きたため、またいつも通り学校に行くようになった。

大人になってから、「わたしが学校に行きたくないって言ったとき、焦ったりしなかった？」と聞いたことがある。

すると母は、「別に？　だって行きたくないんだもんしゃーないしょや」「生きてたらねぇ、学校に行きたくないときだってあるでしょう」「それで死ぬわけじゃあるまいし」と、なんでもないように言ってのけた。

「しゃーないしょ（仕方がないでしょ）」「長い人生、そういうこともある」「死ぬわけじゃあるまいし」この三つは、母がよく口にする言葉だ。

大きな失敗をして落ち込んでいれば「もう終わったことなんだから悩んだってしゃーないしょ」と、うまくいかないことに嘆いても「まあ、人生長いんだからそういうときもあるでしょ」と、人間関係で悩んでいれば「誰かに嫌われたところで死ぬわけじゃあるまいし」と、当たり前のように、当たり前のことを言う。

きっと、母は難しい理屈なんてわかっていない。人生に投げやりになっているわけでもない。

ただ、事実を受け入れ、本能的に自分のルールに従っているだけ。

失敗も、後悔も、自己嫌悪も、苦悩も、拒絶も、挫折も、絶望も、生きていれば誰しもが経験する。

そんな当たり前のことは誰だってわかっているはずなのに、わたしたちはたまに襲ってくる負の感情に飲み込まれると、それがわからなくなる。

そんなとき、いつだって誰よりも強くて自信満々な母に、当たり前のことを当たり前のように言われると、それが当たり前だったことを思い出すのだ。

声がでかく、人の話を聞かず、何度も何度も同じ話をし、口が悪くてむちゃくちゃな暴論を振るう、デリカシー皆無のクソババア。

楽観的で、明るくて、強くて、やさしくて、誰よりも楽しそうに、好き勝手に生きているクソババア。

母は、むちゃくちゃなクソババアだが、なかなかいいクソババアなのだ。

わたしが、完璧な人間ではなく、むしろ欠点だらけなのに、なんとなく愛され、周りには許容してくれる人たちが集まり、こんな風になんだかんだ楽しく生きていけているのは、そんな母に育てられたからかもしれない。

3

先日、母から久しぶりの電話があった。

「そのうち、実家を売ろうと思ってさ」

札幌市の隣、江別市にある実家は一軒家で、もともと両親とわたしと弟、そして母方の祖母の五人で暮らしていた。

わたしと弟が進学や就職、結婚などで実家を離れたあと、同居していた祖母の認知症がわかり、介護付きマンションへの入居が決まった。

そのときも母は「こればっかりはしゃーない、人生にはこういうこともある」と言い切っていた。

父と母の夫婦二人きりでは、今の家は広すぎて持て余す。だから、実家を売ったお金で賃貸マンションに移り住み、二人のどちらかが死んだら介護付きマンションに入居することを考えているという。

要するに、「実家がなくなってもいいのか」というお伺いの連絡だった。

実家がなくなるのは少し寂しい気もするが、両親が汗水垂らして働いて構えた家だ。わたしも弟も、きちんと教育を受けさせてもらったし、別に遺産なんてハナからあてにしていない。

わたしたちが好きに生きていけるように、親としての義務を十分に果たしてくれたのだから、両親にはこれから好きに生きてもらいたいと思っている。

「いいんじゃない？　そっちのほうがきっとお互いに気楽でしょ。っていうか、わたしと同居なんて嫌でしょ？」と言うと、母の声のトーンはいきなり変わり、「あー絶対嫌だね！　あんたとなんか一生一緒に住みたくないよ！　札幌から江別に入ってこないでよね！」と言い捨てられ、電話を切られた。

ひどい、あまりにもひどい言い草である。

わたしだって、今さらクソババアと住みたかないよ。

3

仕事から帰ってきた夫に、母からの電話の内容を話すと、ひとしきり笑ったあと「いや〜やっぱり親子だね、ほんとうに君はだんだんお母さんに似てきてるよ」と、不本意なことを言われた。

あんなクソババアに似てきているだなんて、勘弁してほしい。

わたしは、昔から母を反面教師にして生きてきたのに。

でもまあ、好き勝手にやって楽しそうにしている母を見ていると、案外クソババアになっていくのも悪くないかもな、と思う。

わたしたちは、いい女

仲のよい友達が、長くお付き合いしていた男性と別れた。

彼女は、わたしと同い年で29歳。

その彼は、少し年上の32歳だ。

29歳の女性と、32歳の男性。付き合って3年。お互い健康できちんと働いているし、借金があるとか、離婚歴があってシングルで子供を育てているとか、結婚を決意するのに尻込みをしてしまうような目立った事情もない。

それでも、二人は別れる決断をした。

長年の友達としての欲目もあるだろうが、彼女はとてもいい女だ。

かわいくて、おしゃれで、やさしくて、穏やかで、情熱的で、丁寧で、思いやりが

3

ある。

わざわざレンタルショップでコミックスを借りてはしょっちゅう延滞し、延滞料を払ったのちにその漫画を書店で購入する、というわけのわからない経済の回し方をするし、起承転結どころか、起承承承承結で話してしまうような話し下手だが、ゆっくりでも、上手じゃなくても、自分の気持ちをきちんと言葉にするし、とりわけ聞き上手だ。

誰よりも頑固者だけれど、自分を思っての意見にはしっかり耳を傾け、「わたしは自分の友達のこと、心から信用しているから」と臆面もなく言えるところが、なによりも彼女の魅力を物語っていると思う。

そんないい女である彼女が選んだ人だから、お付き合いしていた男性もまた、とても素敵な人だった。

彼女からよく話を聞いていて、会う前から彼には好印象を抱いていたし、実際に会ったときも、彼の様子からは、彼女をめいっぱい大事にし、心から愛していたように思えた。

世間的に「その年齢で、それだけの交際期間なら、そろそろ結婚でしょう」と決めつけられてしまいがちな状況だとは、正直思う。

でも、恋愛は、どんなにお互いが愛し合っていても、なにも邪魔が入らなくても、うまくいかないときがある。

感情と人生のタイミングがズレてしまうのは、どうしたって仕方のないことだ。

誰も、なにも、悪くない。

わたしは昔からの友達だから、彼女のことをよく知っている。彼女が彼を心から愛していたことも知っている。そして、「彼と結婚できたらいいなぁ。結婚ってかたちに囚われなくても、ずっと一緒にいられたらいいなぁ」とうれしそうに話しているのを近くで聞いていた身としては、「彼と別れたんだよね」と言われたとき「そうなんだ、今までよく頑張ったね、お疲れさま」と労ることしかできなかった。

無責任に年齢や結婚のプレッシャーをかけてくる世間の風潮や、これ以上好きになれる人が現れるのだろうかという目に見えない不安、また新しい人と信頼関係を築いていかなくてはならない億劫さ。そういう、面倒で不快なものたちに支配されず、

3

「やれるだけのことはやった。わたしは今後の人生を考えたときに、自分が一番幸せでいられるための決断をした」

と、わたしの目をまっすぐに見て、慎重に言葉を選び、まるで自分に言い聞かせるかのように静かに話す彼女のことを、心からかっこいいと思った。

相変わらずいい女だよ、さらに女を上げたね。


彼女はよく、我が家に遊びにくる。

彼女用のパジャマ、歯ブラシ、コンタクトケースなんかは、当たり前に置いてある。

外で飲んだ帰りに「まだ話し足りない、飲み直そうよ」と泊まりにくることもあれば、「一人だと気が逸れちゃって集中できないから」と仕事をしにくることもある。

わたしが締め切りに追われてヒィヒィ言っているときは、ごはんをつくりにきてくれたりもする。

あまりにも頻繁に来るので、夫が「もう合鍵つくりなよ」と言うほどだ。

それだけ一緒に過ごす時間が長ければ、会話も増える。そうすると、別れた彼の話題が出るのも、至極当然だろう。

「最近ちょっと太ってさ〜」と彼女が言い、「え？　そう？　なにも変わらないよ」と返せば、「いや、なんか別れたストレスで食べちゃって……」

「あれ？　いつもつけてたかわいい指輪、最近つけてないんだね」と何気なく聞けば、「あ〜あれ、彼からもらったやつでさ……」

二人でゲームをしていれば、「付き合ってたときさ、ゲームのイベントに一緒に行って……」

飲んだ帰りのコンビニでアイスを選んでいても、「チョコミントのアイス、よく一緒に食べてさぁ」

こんな風に、別れた彼の話につながる。

悪口になるときもある。そうすれば、わたしは一緒になって悪口を言ってやる。

愚痴がこぼれるときもある。そうすれば、わたしは黙って聞く。

後悔を口にして反省するときもある。そうすれば、わたしは「そんなことない、あなたは十分に頑張ったよ」と肯定する。

別れた彼の話が出るたび、彼女は「ごめん、また元彼の話をしちゃった……」と謝っ

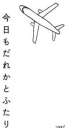

3

たり、「何度も愚痴っちゃって申し訳ないんだけど、話していいかな……?」と前置きをしたりする。

別に、いいのに。

だって、お互い様じゃないか。

わたしが恋人と別れてグジグジしていたとき、「またその話? もういい加減にしてよ」なんて、あんたは言わなかったじゃん。

いいよ、いくらでも話しなよ。だってわたしたちは友達なんだからさ。


抱えているのがつらいから、言葉として吐き出す。生活しているから、関連づけて思い出す。大切だったから、簡単には捨てられない。

当たり前のことだ、当たり前のことなのに。

「また言ってしまった……」と申し訳なさそうにする彼女に、わたしは提案した。

「有効期限を1年間にしよう」

別れた日から1年間は、いくらでも彼の話をしていい。

悪口でも、愚痴でも、思い出でも、惚気でも、後悔でも、タラレバでも、願望でも、なんでもいい。

好きなときに、好きなだけ話していい。

わたしも、1年間は話を聞き続ける。

その代わり、もう謝るのはナシにしよう。

1年という有効期限は、厳密に守る必要はない。

でも、口約束をするだけで、「1年間は好きに話してもいいんだ」と彼女の罪悪感は薄くなる。

聞く側であるわたしも、たとえ今は平気だとしても、もしかしたらだんだんと鬱陶しく思うようになるかもしれない。

でも、「1年で終わるから」という指標があるだけで、気持ちが楽になる。

なにより1年あれば、状況も、感情のかたちも、必ず変わる。


「女同士ってこわい」「女の友情ってドロドロしている」という言葉を耳にするたび、わたしは思わず笑ってしまう。

3

こいつら、なぁーんにもわかっちゃいねぇな、と。

仕事、恋愛、家庭……上手くいくときも、上手くいかないときもある。

環境だって、目標だって、悩みだって、性格だって、好みだって、まるで違う。

わたしたちは、怒ったり、泣いたり、耐えたりしながら、それでもなんだかんだ楽しみと喜びを見出して、強くたくましく生きていかなくてはならない。

同じ女だけれど、別の人間だ。

けれど、同じ女だからこそ、わかり合える部分がある。

青春時代を共にし、男で泣いた過去だって、恥ずかしい黒歴史だって、酒を飲みすぎて吐いたゲロの中身だって、乳首の色だって、全部知っている。

喧嘩だってするし、嘘で慰めたりもするし、厳しいことだって言うし、嫌いなやつの悪口は一緒になってボロクソに言う。

好きな男に振り回されるのを、咎めたり、応援したりする。

わたしたちは別の人間だけれど、ずっと友達で、絶対的な味方で、同志だ。

女友達は、わたしたちは、お互い様だ。

「有効期限は1年間」というルールを導入して半年ほど経った頃、少しずつ別れた彼の話をしなくなり、いくらか表情が明るくなった彼女と飲みに行った。

「東京事変の再結成やばい」「わかる、やばい」「絶対ライブ行きたい」「頑張ってチケット取ろ」

「てかこの前さぁ、居酒屋に飲みに行ったらさ隣に座ってた人がマジサイアクで、聞いてほしい」「えーなにそれ、聞く聞く」

「ちょっと痩せた？」「痩せた！　筋トレしてるんだよねー」「いいじゃん、筋肉は男と違って裏切らないよ」「ウケる、でも正論だわ」

「この前『パラサイト』観たんだけどさ」「おっどうだった？」「めちゃくちゃよかった！　でもエンディングの曲がカントリー調でウケた」「あはは、なにそれ」

所狭しと並べられた料理、汗をかいたアルコールのグラス、矢継ぎ早に移り変わる話題、飛び交う笑い声。

何杯目かのハイボールを一気に飲み干した彼女が、わたしに言った。

「ねぇ、有効期限は1年間っていうルールさ、めちゃくちゃいいよね。マジで名案だよ」

3

彼女は、いつだって臆面もなくわたしを褒めてくれるし、わたしは彼女のそういうところがほんとうに好きだ。

「でしょ、わたしはいつだって名案を思いつくからね」と、照れ臭さからおどけて見せた。

「あんな名案を思いついちゃうなんてさ、相変わらずいい女だね」

「それに気づいちゃうなんて、あんたこそいい女だよ」

わたしたちは、これからも、お互いを褒め称え合う。

だって、わたしたちはいい女だから。

白秋のたしなみ

信じられないほどのどエロい淫夢から目覚めると、めでたく30歳の誕生日を迎えていた。

あどけない少女だったわたしも、淫夢による火照りを味わうほど大人になるとは。なかなか感慨深いものである。

しかし、30代という大台に乗ったことについては、特になんの感慨深さもない。

「もう30代か……！」とも、「まだ30代か〜」とも、思わない。

「20代同様、30代も変わらずウルトラハッピーに生きるゾ☆」くらいのものだ。

たしかに、数年前と比べて体は確実に悪い方向へ変化しているとは思う。

油物は大量に食べられなくなったし、代謝が落ちて痩せにくくもなった。

かつてはシャワーの水をこれでもかというほど弾いていたのに、今や体を伝ってダ

3

ダダダッと流れ落ちるし、あれほど眩しかった乳首の光沢も失われつつある。
それでも、わたしが年齢を重ねることを恐れず、むしろ楽しみに思えるのは、年上の友人たちが勇ましく、そして楽しそうに生きている姿を見せてくれているからだ。30代半ばの女性は「いや〜自分で言うのもなんだけどさ、最近のわたしはますますいい女になってきたなって思うわ〜！」と笑っているし、40代の女性には「いいよ〜！人生！　楽しいよ！　淫夢を見てなくても顔が火照るし恋をしてなくても動悸がするけどね！　ワハハハ！」と脅された。

長く生きていれば、それだけつらい時期はある。誰にだって、人間に失望する瞬間も、眠れない夜も、理解されない事情も、当たり前にある。

でも、それらを受け入れながら、人生を楽しくおもしろく謳歌している様を堂々と見せつけられたら、「わたしだって負けてらんねぇな」と力がみなぎってくる。

30代、40代と年を重ね、さらにその先の50代、60代と人生の歩みを進めていくことも、決して嫌だとは思わない。

年齢を重ねることで得られる楽しさを教えてくれた、年上の女性たちのさらに先輩、とある60代の女性と一緒に過ごすうちにそう思わされた。

今年に入ってから、アルバイトを始めた。

雇い主の女性は、とある難病を抱えている。

といっても、臥《ふ》せって起き上がれないだとか、常に痛みを感じるだとか、そういったものではない。

時間をかけ、少しずつ、体のバランス感覚が失われていく病気だ。

食事はできる。料理もできる。お風呂にも入れる。着替えもできる。車の運転もできる。基本的な生活は、人の手を借りずとも自分でできる。

しかし、慣れていない場所や手すりのない道を一人で歩く、高いところにあるものを降ろす、両手がふさがるほどの大きな荷物を持って階段を上がる、不安定なところでの作業などは、少し難しく、不安を抱えている。

わざわざ行政や医療に頼むまでもないが、気軽にサポートを頼めて臨機応変に対応してくれる存在がほしい。

そこで、縁あって、十分な体力があり、フットワークが軽く、時間を持て余しているわたしに白羽の矢が立ったのである。

3

仕事としてサポート役を担い、お給料も頂いているが、彼女と過ごす時間があまりにも楽しすぎて、まるで友達の家に遊びに行っているような錯覚を起こす。

一緒に庭仕事をしていると、花や木の名前をたくさん教えてくれる。

全然興味がなかったのに「あ、ドクダミだ」「タチアオイが咲いてる」と、少しだけわかるようになった。

彼女の趣味であるＤＩＹをサポートしているうちに工具の使い方を覚えたり、陶器を修復する金継ぎや障子の貼り替えも初めて経験した。

彼女と一緒に過ごすようになって、ただ楽しいだけなのに、自然といろんなことが身についた。

仕事の空いた時間には、コーヒーを飲みながらおしゃべりをする。

家族の話、友達の話、昔の話、昨日観たテレビの話、近所のカフェが素敵だった話など、たわいもない内容はもちろん、時には社会情勢や政治の話も話題に上る。

彼女の家に行くようになってから、わたしは新聞を読むようになった。

少し前までは、タイトルだけで気を引くような、内容の薄っぺらいネット記事ばかりを流し見していたのに、いつの間にか一辺倒の意見だけを鵜呑みにするのではなく、様々な情報を比較して自分の中で噛み砕いて考えられるようになった。

ただ話を聞いて、テキトーに相づちを打つだけでもいいのかもしれない。

でも、彼女には自分の意見があり、それをまっすぐ丁寧に話してくれる。

そして、自分よりもずっと年下で、なにも知らないわたしの意見を否定せず、耳を傾け、対話しようとする姿勢を崩さない。

そんな彼女と向かい合っていると、ちゃんと対話をしたい、この人にはきちんと自分の言葉で話すべきだと、不思議と思わされるのだ。

話の流れで、彼女に「お友達で、お子さんがいる人はいるの?」と聞かれた。

「そういう友達も何人かいるんですけど、みんな札幌には住んでなくて。しょっちゅう遊ぶ子はみんな独身なんです」

長く恋人がいない友達、結婚を考えていた恋人と別れたばかりの友達、仕事が楽しくて恋愛をしていない友達、離婚した友達、いろんな友達がいる。

3

わたしも結婚して3年になるが、子供はいない。

環境や考え方は違うけれど、わたしたちはずっと仲良しだ。

そう話すと、彼女は「いいわねぇ、とっても素敵ねぇ」と微笑んだ。

わたしにもね、もう孫がたくさんいる人や、子供はいないけれど夫婦仲良く暮らしている人、シングルマザーの人、結婚せず今もバリバリ働いている人、いろいろいてね。人生はまるで違うけれど、今もずっと付き合いのある友達がいるの。

それぞれが自分の人生を楽しんでいて、価値観を押し付けたりせず、妙に気が合うというだけで続いてる付き合いってサイコーなのよね。

この年齢なら結婚、この年齢なら出産、それこそが幸せなんだって押し付けてくる人、とっても鬱陶しいのよね。あとダサいし。

そうカラカラ笑う彼女に、わたしは身が引き締まった。

きっと、彼女がわたしと同じくらいの年齢だった頃は、20代での結婚や出産こそが当たり前に女性の幸せとされていて、そうでない人は爪弾きにされていたはずだ。

時代の流れとともに価値観が変化しつつあっても、自分の時代に当たり前とされていた価値観は、年齢を重ねてもそのまま持ち続けてしまうものだと思っていた。そうでなくとも、「今の若い人たちはわたしの頃と違うんでしょう」と溝を受け入れた振りをする程度だと思っていた。

でも、彼女は違う。いつだって柔軟で、価値観を正しくアップデートし続けている。年を重ねれば重ねるほど、思考が凝り固まって、新しい価値観をなかなか取り入れられなくなるのだろう、そう勝手に決めつけ、諦めていた自分が恥ずかしい。価値観をがんじがらめにしていたのは、わたしのほうじゃないか。

毎日の暮らしの中で多くの楽しみを見つけ、やりたいことには果敢に挑戦し、たとえ自分一人では難しいことでも適切に人の手を借りて楽しむ。

自分よりもずっと年下の人間と対等に接し、自分の考えを言葉にし、相手の意見を素直に受け取り、決して否定せず、決めつけない。

自分の持つ知識や技術を惜しみなく若い人間に与え、若い人から吸収できることは積極的に取り入れる。

そんな素敵な彼女と過ごしていると、わたしも彼女のように年齢を重ねていきたいと思うし、これから先の人生が、俄然楽しみになってくる。

酒場の保健室

学生の頃は、なにかと保健室のお世話になることが多かった。

学校になじめず保健室登校をしていたとか、人間関係に悩んで相談をしに行っていたというわけではない。

純粋に鈍臭く、しょっちゅう怪我をするわたしは、よく手当をしてもらっていた。

高校に入ってからは、不真面目な学生になったため、わかりやすい仮病をつかってサボりに行くことも多かった。

わたしの知っている保健室は、やさしくて、清潔で、時間の流れがひどくゆっくりと感じる空間だった。

親には絶対に秘密の悪事も、友達には引かれてしまうような偏見も、先生には怒られて正されてしまいそうなだらしなさも、恋人には嫌われるほどの口の悪さも、そこでは力が抜けてぽろりと口からこぼれる。

ほどよく自分に無関心で、人生に深く介入してこず、なにかと向き合うことに疲れていても咎められない、どこかに話が広まる心配もない。

安心感があって、心の秩序が守られるその時間が、妙に心地よかった。


すっかり大人になった今でも、あの保健室に行きたくなる瞬間がある。

人生は楽しい。納得がいっていないことも、後悔も、悩みもない。

あったとしても、今の自分ならどうにかできる。自分の機嫌の取り方も知っている。

夫のことは愛してやまないし、嫌いな部分は一つもない。

わたしが悩んでいたら力になってくれることも、だめだめなときがあるからといって嫌われないことも、ちゃんと知っている。

時には言いにくいようなことも正直に指摘してくれて、いつだって同じことでゲラゲラ笑い合えるような、気心が知れた仲のいい友達だって、多くはないが確実にいる。

仕事だって、つらいと思うときはたまにあるけれど、それなりに楽しくやれている。

誰かを恨んでいるわけじゃない。疲れてもいない。死にたいと思うことなんて一つもない。

3

好きなもの、楽しいこと、たくさんある。

これほどまで満ち足りた毎日を送っているはずなのに、ふと「一人きりになりたい、でも誰かに会いたい」と矛盾した願望を抱いてしまうときがある。


札幌・すすきのにひっそりと佇む、とあるバー。扉を開ければかすかな煙草のにおいと、仄かないい香りが鼻をかすめる。白を基調とし、座席数は十席ほどのその店は、人生経験豊富で酸いも甘いも噛み分けたママさんが一人で切り盛りしている。

良心的な値段で、おいしいおつまみと、ちょっといいお酒を楽しめる。なのにここでは、サービス料を取っていない。

何度か通ううちに、「これだけ素敵なお店なんだから、サービス料を取ればいいのに」とママさんに言ったことがある。

だって、こんなにも居心地がいいんだし。散々飲んだはずなのに、お会計を見たらいつも安くてびっくりしちゃうしさぁ。

そんなわたしに彼女は、「取らないよ、だってサービスしたくないお客さんが来たときに、好きなことが言えなくなっちゃうじゃない」とカラッと笑った。

たまたま隣に居合わせただけの他人同士。年上の男性が若い女の子にダラダラ説教を垂れていると、彼女は「ここは無料のキャバクラじゃないよ。偉そうに講釈垂れたいなら、高い金を払ってちやほやしてもらえるところに行ってね」とぴしゃりと言う。後輩らしき女の子を連れて「この子ろくな恋愛してないからさぁ、ちょっとびしっと説教してやってよ〜」と頼んでくる男性客には、「おう！　まかせな！」と、女の子ではなくその男をボコボコに説教する。

面倒な客が閉店時間を過ぎているのに、いつまでも帰らずにダラダラしていたら「はい、帰ってねー！　こっから身内で盛り上がる時間だからね！」と堂々と帰宅を促す。

楽しい話を聞いてゲラゲラ笑い、面倒な客の言動をさらっと流し、嫌な客をボコボコにする。

「サービス料をもらってないからこそ、こういうことができるのよ」

「だって嫌じゃない、サービス料をもらってるからって、嫌いな客に愛想を振りまかなきゃいけないのなんて」

「わたしはね、大好きな人たちを特別扱いしたいの」

3

彼女の独断と偏見によって守られる酒場の秩序。

そんな場所を好んでやってくる客たちも、一風変わっている。

かれこれ5年も通っていると、だんだんと見知った顔ばかりになる。

でもわたしは、彼らの本名も、仕事も、家の場所も、連絡先も、なにも知らない。

知っているのは、彼らがみんなほんの少しだけ気が狂っていて、わたしの知らないことを知っていて、悪口が上手で、自分の暮らしを守るために、他人に適度に無関心ということだけ。


つまらない説教をする人、相手を不快にする発言をする人、やたらめったら異性を口説いてあわよくばお持ち帰りをしようとする人、因縁をつけて喧嘩をふっかける人。

そんな人間は、誰一人として存在しない。


客たちが自分と他人の領域をはっきりと区別できているからこそ、彼女が作り上げた秩序は守られる。

口から出した瞬間に多くの人から集中砲火を浴びそうなほど、分母のでかい悪口を言いたくなるときがある。自分の恥ずかしい行いを、誰にも知られたくないのに一人では抱えきれなくなるときがある。そこにはいない誰かを傷つけてしまうかもしれないのに、考えてしゃべるのが億劫になるときがある。そうできるほうがずっとずっといいのに、誰かの思想に触れることに疲れてしまうときがある。かっこ悪いとわかっているけれど、急に大口を叩きたくなるときがある。

理由はないけれど、誰とも、なにとも、向き合いたくない。

こんなことを考えてしまう自分に驚いて、（らしくないなぁ）と頭の片隅で思いながらも、つい店に足が向いてしまう。

かつての保健室のように、現実と少しだけ切り離された空間にいると、いつもこうやって逃げ場にして、甘やかされちゃっていいのかなぁ、とほんの少しだけ後ろめたさを感じる。

ママさんは、ジャージ姿にスッピンで行っても「相変わらずかわいいね」と褒めてくれ、嫌いなやつの話をして「あいつの家の基礎工事を緩めに行ってやる！」と激高しても「あははは！　サイコーサイコー！」と笑ってくれ、酔っ払ってぐちゃぐちゃになっても「誰だって、こういうときはある」と許容してくれ、偏見に満ちた憎しみをぶん投げても「いやぁ、その話はSNSでは到底書けないねぇ、酒場だからサイコーに笑えるわ～」と寄り添ってくれる。

3

「大丈夫かな、わたし。甘やかされすぎじゃないかな」

不安になって聞くと、彼女はなんてことないように「特別に甘やかすのなんて当たり前じゃない、だってあなたのことが大好きなんだもの」と言ってのけた。

「そんな風に言われたら、大丈夫じゃない自分でもいいと思ってしまいそうだよ」

「大丈夫。あなたが大丈夫じゃないときなんてないから。ほんとうに大丈夫じゃなくなってしまったら、ちゃーんと言うから」

どんなときも、彼女はこの店の秩序を守り続けるだろう。

「でもね、大丈夫じゃなくても来ていいんだよ。だってここは、酒場の保健室だから」


ここは、酒場の保健室。

いつだって、自分にまとわりついているしがらみを、一時的に切り離すために行く。

現実では懸命に生きていることを見透かして、甘えることを許してくれる場所。

あの頃から好きだった学校の保健室と違うのは、お酒が飲めて、タバコの煙が漂っていて、夜が深くなればちょっとだけ下品な話題が飛び交うところ。

健全なデリヘル

北海道に引っ越す数週間前、昔の知り合いから「近いうちに飲まない？」と連絡が来た。

彼は、わたしがまだ大学生だったときに、同級生の紹介で知り合った男の子だ。当時、何度か一緒に飲んだことがあったものの、知り合ってすぐに彼が就職で北海道を離れたため、特に親密になることもなく、それっきりだった。

彼が出張で京都を訪れるたびに、何度も「一緒に飲もう」と誘われていたのだが、タイミングが合わず、結局一度も会えずじまいだった。

わたしが北海道に引っ越してしまえば、接点は今以上になくなり、きっともう会うこともなくなる。

せっかくの機会だし、引っ越しの準備にも飽きたしと、数年ぶりに会うことにした。

3

7月の京都は、殺人的な暑さだ。とても人間の住むところとは思えない。

一番高いところにある大きな太陽に、ジリジリと肌が焼かれている感覚を味わいながら、待ち合わせ場所へと向かう。

改札口の前でスマホを見ながら立っている、昔と変わらない彼に勢いよく声をかけた。

「わー！　久しぶり！　元気だった？」

「まあまあかな、相変わらず元気やなぁ」

「なんにも変わんないね、すぐわかったよ」

「そう？　さすがにそれはないやろ、最後に会ってからもう6年も経つんやから」

再会の挨拶を済ませると、「昼まだやろ？　なに食べたい？」と聞かれた。

「酒が飲みたいから居酒屋に行こう、平日の真昼間から酒を飲んで涼を取る背徳感を味わいたい」と答えると、彼は「ほんま、相変わらずやなぁ」と言った。

駅前にある大衆的な居酒屋に入り、彼はビール、わたしはレモンサワー、そしていくつかの料理を注文した。

さすがは平日の昼間。定食を食べている休憩中と思しきサラリーマンは何人かいるものの、酒を頼んでいるのはわたしたちだけのようだ。

形式的な乾杯をしたあと、キンキンに冷えたレモンサワーを一気に飲み干す。

ッカァ〜〜〜〜〜!! これこれ、これぞ夏の醍醐味だよ。

うまいねぇ、サイコーだねぇ。

2杯目のレモンサワーを注文するために、テーブルにあるタッチパネルを操作していると、彼が口を開いた。

「結婚したんだって?」

「うん、1年くらい前にね」

「どう? 結婚生活は」

「毎日楽しいよ! 超ラブラブだしね」

「そっかぁ、ええなぁ」と相づちを打つ彼に、「そっちこそ結婚したんでしょ? おめでとう! 結婚生活はどう? 楽しい?」と同じように近況を尋ねた。

しかし彼は、「あー、うん……」となぜだか言葉を濁す。

3

なにかまずいことでも聞いたかな？　と、「仕事はどう？　めちゃくちゃいいとこ就職したって聞いたよー」と別の質問をしても、「いやぁ……まあね」と歯切れが悪い。風の噂で、彼が誰でも知る大企業に就職し、エリート街道まっしぐらなこと、そして育ちのいいお嬢さんと結婚したことは耳にしていた。

普通なら、揚々と自分の近況を語るだろうに、なんだかはっきりしない物言いだ。ただならぬ雰囲気に耐えきれず、「やだ、なに？　奥さんに風俗通いがバレて怒られちゃった？　仕事で横領でもしてクビ切られた？」とおちゃらけてみせると、彼は自分が置かれている現状をぽつぽつと語り始めた。

奥さんとは、直属の上司の紹介で知り合ったらしい。

順調に交際を進め、ごく自然な流れでのプロポーズを経て、結婚が決まった。

しかし、入籍をする前日に、奥さんになる人から「黙ったまま結婚するのは罪悪感があるから」と、紹介してくれた上司との長年の不倫関係を告白されたという。

金と時間と労力をかけ、結婚にまつわる各種ミッションをクリアし、「さーて、あとは役所に婚姻届を出すだけ！」という万全の状態で、突然落とされた爆弾。

幸せいっぱいの彼からしてみたら、まさに寝耳に水、窓から槍、青天の霹靂《へきれき》だ。

その時点で婚約破棄をすればよかったものの、想像だにしなかった状況に正気を失っていたのと、生来の真面目さから「今さら反古にはできない……」と思い込み、そのままなし崩し的に入籍をしてしまった、というのが事の顛末《てんまつ》だ。

正式に夫婦となったものの、結婚してからは一度も一緒に住むことなく、かれこれ数年は別居状態。

学生の頃からずっと努力し続け、念願叶って第一志望の企業に入社したのに、尊敬していた上司は自分の妻の不倫相手。そんなクソ野郎と毎日顔を合わせなければならないなんて。

不倫がバレていないと高を括って投げかけられる「結婚生活はどうだ？」という無神経な言葉。親族とはずっと昔から疎遠で、気軽に頼れない。縁もゆかりもない土地で、話を聞いてくれる友達もいない。

派閥だの上下関係だの、悪しき風習が残っている会社のため、学閥的にも立場の弱い彼が告発なんて真似をしようものなら、閑職まっしぐらなことが容易に想像できるという。そんな環境で、同僚に相談できるわけもない。

3

話を聞けば聞くほど、彼の不遇さに憤りを感じたわたしは、酔いも手伝って「なにそれ、離婚しなよ」「アホか、そんなクソみたいなやつらのことなんて気にすんな」「それか転職しなよ。もともと賢いんだし他でもやっていけるって」「せめて病院に行きな。このままだと心が壊れちゃうから」と矢継ぎ早に言った。

それでも、長い間傷つけられ、追い詰められ、無気力の塊となった彼の心が動くことはなく、壊れたロボットのように「そうだねぇ」と繰り返すだけだった。

真面目一貫でやさしい彼は、こんなにもボロボロに傷つきながら、憂さ晴らしも、怒りをぶちまけることもせず、未だに周囲の人間に誠実であり続けようとしていた。

彼の暗い空洞のような目をまっすぐに見つめ、わたしは「自分に対して誠実じゃない人間に、誠実であり続ける必要なんてこれっぽっちもない」と、何度も何度も、強く言い続けるしかなかった。

ほとんど減っていない、水滴だらけのビールジョッキを両手で温めている彼の口から、「だからな、会いたかったんよ」と、小さく聞こえた。

「出会った頃はな、ちょっと好きかもな〜って思ってたんやけど、今はもう別に女性として好きとか、どうこうなりたいとかはなくてな」

「でも、なんていうか、こうやって、今ものすごくつらい状況だってことを聞いてもらって、もう！　なにしてんの！　そんなんさっさと離婚しろ！　って、思いきり背中を叩いてほしくて」

「明るくて、強くて、難しいことなんて一つも言わない、いつだって当たり前のことを自信満々に言う君から、すごく簡単な答えを聞きたかった。元気をもらいたかった」

「なにそれ、つらいときに話を聞いてほしくて、元気をもらおうと女を呼び出すって、デリヘルかよ」

眉をひそめて不服そうな表情でそう言うと、彼は「そんなつもりはないんやけどなぁ。そう言われたら、たしかにその通りかもしれん」と、その日初めての笑顔を見せた。

「わざわざ時間をつくって来てくれたのに、こんな話をして申し訳なかったから」と、

3

全部ごちそうしてくれた。

「ねぇ、お金まで払っちゃうなんてさぁ、それこそほんとうにデリヘルだよ」

「それにしては、ずいぶん健全なデリヘルやわ」

誰かに聞かれたら誤解されそうな会話をしながら店を出ると、日はだいぶ低くなったはずなのに、変わらない蒸し暑さを感じた。

「また、一緒に飲もうな」

「いいけど、次は離婚するか転職するかしてからね」

「じゃあいつになるか、何年後になるか、下手したらもう一生会えんかもなぁ」

「次はデリヘル嬢としてじゃなくて、友達として呼んでよ。わたしと一緒に飲みたいなら、自分のために戦いな」

「そんな風に言われたら、頑張るしかないよなぁ」

「そうだよ。戦わずに逃げてもいいから、勝ちなね。どうとでもなるんだから頑張れ」

かすかな涼しさを求め、西日で伸びた日陰を選んで歩きながら、ひっきりなしに流れてくる汗をそのまま拭うこともせず、わたしたちは駅へと向かった。

「じゃあ、ここで」

改札を抜け、別れを告げると、「ちょっと待って」と呼び止められた。

「最後に、握手してほしい」

黙って手を差し伸べると、彼はわたしの手を痛いほど強く握りしめ、「ありがとう、元気もらった」と震えた声で言い、「じゃあまた、いつか」とそのまま去っていった。


玄関のドアを開けると、火照った顔がひんやりとした空気に覆われるのを感じた。つけっぱなしで出かけてしまったクーラーの温度を少し上げ、そのまま夜ごはんの支度に取りかかる。

フライパンで焼いてタレでもかけて食べようと思っていた、特売の豚ロースを冷蔵庫から取り出し、小麦粉、卵、パン粉をまぶす。

火にかけた油に菜箸を入れて温度をたしかめていると、夫が仕事から帰ってきた。

「ただいまー」

「おかえり、ごはんもうちょっと待ってね」

「あら、揚げ物なんて珍しい」

「んーなんかトンカツって縁起がいいじゃん？　勝負事に〝トントン拍子で勝つ〟っ

つってね」

「ふーん？　よくわかんないけど」

カラッと揚がったトンカツを千切りのキャベツと一緒に盛り付け、出かける前に予約タイマーをセットしておいた白ごはんと、温めておいた今朝の残りのお味噌汁を椀によそう。

3

できあがった料理をテーブルに運んでいると、タイミングよく、夫がシャワーを浴び終えて戻ってきた。

「いただきます」

料理を口に運ぶ夫に「そういえば今日楽しかった？　久しぶりに会った友達は元気だった？」と聞かれた。

「うーん、なんかあんまり元気じゃなかった」

「ものすごくつらいことがあったから、元気なわたしに会いたくなったんだって」

「それで話を聞いてくれたお礼にって、飲み代全部おごってくれちゃってさ」

「つらいときに話を聞いてほしくて女を呼んでお金まで払うなんて、まるでデリヘル

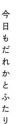

じゃんって笑っちゃったよ」

そうわたしが話すと、夫はひとしきり笑ったあと、深く頷いた。

「じゃあ、君は元気と健康を届けるデリヘル、〝デリバリー・ヘルシー〟だね」


わたしには、彼を救うことはできない。

わたしたちの人生は、別のところにある。

これまでもそうだったように、これからも交わることはない。

それでも、わたしは彼の幸せを願わずにはいられない。

初めてにしては上手に揚がったトンカツを口いっぱいに頬張りながら、明るくて健やかなデリヘル嬢として、いつだって誰かに呼ばれたら、わたしの元気を届けてやろうと思った。

もう だめだ
死にたい…
ピンポーン
デリバリー・カンパーイ
ヘルシーです
え？
ぐっ
…カツ丼
食べようかな

嫁、ひとり義実家へ

12月初旬。わたしは大きなスーツケースを従え、那覇空港に一人降り立った。

蒸し暑い。ほんとうに12月の日本か？

飛行機に乗る前は、寒さに首を縮こめていたほど心許なかったはずの上着が、ここでは完全に邪魔ものである。

オフシーズンの平日ということもあり、空港の利用客はそれほど多くはないが、かりゆしウェアに身を包んでいる人がちらほら見え、自分が沖縄にいることを実感する。

搭乗口を出ると、そこには大柄でよく日に焼けた義理の父が立っていた。

「遠いところよく来たねぇ、疲れたか？」

「飛行機の中でずっと寝てたので、あっという間でした」

大きな車に乗り込み、家へと向かう。

3

ぐねぐねと曲がりくねった道路。中央分離帯に生えているヤシの木。山がなく、視線を向けた先には必ず海がある。緯度が低いため、北海道ではすでにどっぷり暗くなっている時間なのに、まだ外は薄ら明るい。

窓から入ってくる風は強く、いつだって湿った海のにおいがする。後部座席からぼーっと外を眺めていると、お義父さんに話しかけられた。

「みんなね、沖縄に来るの楽しみにしてたからね」

「してほしいこととか、行きたいところとか、あったら遠慮せずに言うんだよ」

「来てくれてうれしいから、帰らずにずっと住んだっていいんだからね」

感情を言葉にし、いつだってわたしの意思を確認してくれる。夫は、父親に似たんだなぁ。着いてすぐそんなことに気づいてうれしくなった。

沖縄に来る2週間ほど前。わたしはかなり消耗していた。

仕事に忙殺され、家の中は荒れ放題。外にはしばらく出ておらず、夫以外の人間とは久しく会話をしていない。ストレスは飽和状態で、心も体も限界寸前。

神経をすり減らした日々を送っていたところ、突然の大爆発を起こした。

「もうやだ!! 疲れた!! このままでは死んでしまう!! 人間としての尊厳が失われる!! どっか行きたい!! リフレッシュしたい!! 無条件に甘やかされたい!!」

スーパーのお菓子コーナーで癇癪《かんしゃく》を起こし、人目もはばからず手足をジタバタさせる子供よろしく、家のリビングに突っ伏し、声を張り上げて大泣きした。

ひとしきり感情を垂れ流して冷静になったわたしは、思いつきで沖縄行きの航空券を購入した。

すぐさま、義理の母に「再来週、沖縄に遊びに行きますね。チケットはもう買ってあります」と事後報告の電話をし、「おいでおいで〜何日いてもいいからね〜!」とやさしく受け入れてもらった。

仕事関係の各方面に「マジで疲れたんで数日だけ見逃してください。リフレッシュと甘やかしを求めて夫の実家に行くので連絡は返せません」とメールを送ったところ、「えっ!? 遠く離れた義理の実家に? しかも一人で? どういう状況!?」と驚かれたが、わたしの「どっかに行って、リフレッシュして、誰かに甘やかされたい」という突然湧いた切なる願望を叶えてくれるのは、沖縄にある夫の実家しかないのだ。

3

わたしは、夫の両親が好きで好きでたまらないのである。

世間では、嫁姑問題や義理の実家との付き合い方・価値観の違いに悩まされている人たちの話をよく聞くが、ありがたいことにわたしの義理の両親はそれはそれはいい人たちで、疎ましく思ったことは一度もない。

いくら配偶者が素晴らしい人だったとしても、その両親もそうとは限らない。

自分で選んだ人とは違い、完全に運である。

わたしは、自分の運のよさに常々感謝している。

まだ夫と結婚する前、恋人関係だったときから、義理の両親は寛大だった。

当時、わたしはまだ薬剤師の国家試験の浪人中、27歳にして仕事もアルバイトもしていない、いわゆる無職だった。

そんな境遇にもかかわらず、初めて会った際、挨拶もそこそこに「めちゃくちゃ好きなんで結婚してもいいっすか?」といきなり聞いて、「明るいからオッケー!」と二つ返事で受け入れてくれたのだ。

その後、結婚して正式に親族となったのだから、実の息子を家に残してリフレッシュしたさに嫁が一人で泊まりにくるくらい、さして驚くことでもないのだろう。

義理の両親は、ホスピタリティーの権化なのだ。

義理の実家での数日間は、それはそれは素晴らしいものだった。

なにを考えるでもなく、なにをするでもなく、ただ床に転がってダラダラするだけ。好きな時間まで寝て、朝起きればおいしいごはんが出てきて、食べ終わればおいしいコーヒーを淹れてもらえる。

好きなテレビ番組を観て、おやつを食べながらお義母さんと楽しくおしゃべりをし、眠くなったら勝手に昼寝をする。

夜はお義父さんがつくってくれた特製のカレーライスを食べ、食後は秘蔵の泡盛を飲ませてもらう。

「ここ見に行きたいです」と言えばそこに連れて行ってくれ、「あれが食べたいです」と言えばそれをごちそうしてくれる。

なんて、なんて居心地がいいのだろう。

3

自分の実家より、遥かに甘やかされている。

なにもせず、わがまま放題で図々しい、ただの穀潰しの嫁に嫌な顔一つせず、「もっと泊まっていきなよ！　え？　帰りのチケットもう取っちゃってるの？　別のチケット取りなおしてあげるから、もっとゆっくりしていきなさい！　帰っちゃったら寂しいでしょうが！」と必死に引き留めてくれるこの場所こそ、わたしが求めていたオアシスなのだ。

北海道に帰る前日、わたしは義理の両親に連れられてショッピングモールにやって来た。

夫や友達、両親へのお土産を買ったあと、お義父さんに手招きされるままについていくと、そこはドクターマーチンの専門店。

「気に入ったもの、買ってあげるね。値段は見なくていいからね」

突然の思いがけないプレゼントに「いやいや！　それはさすがに！」と、散々好き放題に過ごしていたわたしも遠慮をする。

すると、お義母さんに「あのね、お父さんはあなたがかわいくてかわいくて仕方がないらしいの。ほんとうの娘だと思ってるんだよ。だから買ってもらってあげて」とこっそり耳打ちをされた。

さっきまでの謙虚な姿勢はどこへやら、「え〜いいんですか〜どれにしよっかな〜」とヘラヘラくねくねしながら、言葉通りに値段を見ることなく、一番気に入ったブーツを買ってもらった。

北海道に帰る日。空港へ向かう車の中では「まだ引き返せるぞ。帰らないほうがいいんじゃないか」と引き止められ続けた。

「ほんとうに帰っちゃうのか？　もっといていいんだぞ」

「お父さん！　わがまま言わないの！」

「だってよ〜あっという間だったさ」

「またいつでも遊びに来てね」

「また来週来たらいい」

「それもアリね」

これほどまでわたしを求めてくれる人は、この地球上どこを探しても存在しないの

3

ではないだろうか。……いや、夫がいたか。

後ろ髪を引かれつつも、同じくわたしを求めてやまない夫の待つ北海道へ帰るため、飛行機に乗った。


沖縄とは段違いの寒さに凍えながら、重たい荷物を引きずって家に帰ると、夫が出迎えてくれた。

「おかえり」

「ただいま」

「どうだった？」

「これ、見て」

玄関でポーズを決め、お義父さんに買ってもらったドクターマーチンのブーツを見せびらかす。

「えー！　いいなぁ！　ほんとうにかわいがられてるねぇ」

「いいでしょ、またすぐ一人で帰っちゃうもんね」

靴を自慢し終え、荷ほどきをしながら沖縄での思い出を話していると、夫に「おれの親のこと、大事にしてくれてありがとうね」とかしこまって感謝された。

「だって大好きだからね、わたしの親でもあるし」

ふと、ズボンの尻ポケットに入れていたスマホが震えたのを感じた。

送り主は、お父さんだ。

「かわいい娘よ！　かわいすぎるあまり変なやつにさらわれたりせず、無事に着いたか？」と、娘を心配するメッセージだった。

暮らしのうらがわ

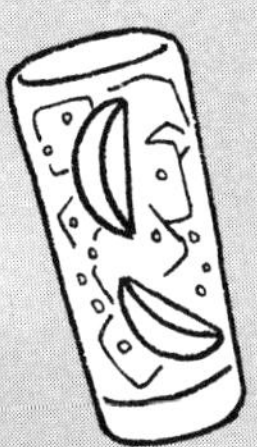

4

ご趣味はめいめいに

婚活パーティーに行ったという友達が「なーんでどいつもこいつも趣味を聞いてくるんだ！」と憤慨していた。

音楽は聴くけれど、特定のアーティストにハマったことはなく、最近はやっている曲をサブスクリプションで聴く程度。

漫画を読んだりもするが、たまたま観ておもしろかったドラマの原作だったら、試しに買って読む程度。

映画は友達に誘われたら観に行くくらいで特別詳しくはないし、なにか習い事をしているわけでも、社会人サークルに参加しているわけでもない。

たまの休みは、平日に溜まった疲れを癒そうと家でダラダラ酒を飲んでいればいつの間にか時間が過ぎているし、外に出かけてみても、目的もなくブラブラと歩いてウィンドウショッピングを楽しむだけ。

4

趣味と言えるものが、一つもない。

そう語る彼女を「別にそれでいいじゃん」と慰めてみるも、嘆きは止まらない。

男性に「趣味はなんですか？　お休みの日はなにをしてるんですか？」と聞かれ、「これといって趣味はなくて……」「休みの日はもっぱら家でゴロゴロしてて……」と答えたときの「あー……そうなんですね……」と一瞬で急降下するテンション。

「休みの日は家でNetflixで映画を観たりします、この前観たあれが結構おもしろくて」と試しに少しだけ取り繕ってみるも「あの監督は～あのシリーズは～」と詳しく語られ、話についていけなくなって「いや、そこまではよく知らなくて……」と正直に言えば、「えー！　映画好きなのにあの名作を観てないの！」と知識の浅さをバカにされる。

「カメラが趣味で、写真を撮るために日本全国いろんなところに行ってるんですよ。あ、これ僕が撮った写真のポートレートのサイトです」と見せられてしまうと、「ウィンドウショッピングが好きで」とは、恥ずかしくって到底言えない。

そんな彼女をよそに、一緒に参加していた友人が、「趣味はなんですか？」「最近アウトドアにハマってて～」「あ！　おれもです！　キャンプとかよく行くんですよー！」「わー！　一緒ですね！」「今度の休み、デイキャンプに行きません？」と他の男性と盛り上がっているのを見て、昔から抱いていた〝趣味がない〟というコンプレックスをかなり刺激されてしまったらしい。

「わたしには、わたしにはなにもない……！　興味があることがない！　なににも詳しくない！　空っぽだ！」と彼女は落ち込んでいたが、所詮趣味でしかないのだから別に気にすることないのになぁ、と思う。


彼女に限らず、「これが趣味です！」と堂々と言うには、その分野に造詣が深くて、長く続いていて、人に語れるくらい詳しくて……みたいなものじゃなきゃいけないと、プレッシャーを感じている人が多いように思う。

そもそも趣味なんてものは、自分のＱＯＬを上げるためのツールであり、あくまでも娯楽に過ぎないのだから、その種類だったり知識量や技術のレベルだったり、どれほど時間と労力とお金をかけたかなんて、関係ないはずだ。

だから、「その程度の知識で好きだなんて」とか「大して極めてないじゃん」などとマウンティングしてくるやつのことなんて、ちぎって遠くに投げちゃえばいいのである。

ただまあ、婚活パーティーという、相手の人となりを全く知らない場では、趣味は会話のとっかかりになるのかもしれない。

好意を持っている相手の趣味が自分と同じだと知れば、うれしくもなるだろう。

恋愛や結婚で一緒に過ごす時間が長くなれば、共通の趣味があったほうが休日を一緒に楽しめたり、その素晴らしさを共有したりもできる。

4

彼女の愚痴を聞きながらそんな風に考えていたが、「そういえば、わたしと夫はあまり共通の趣味がないなぁ」と気づいた。

夫は海外のドラマや映画が好きで、仕事から帰るとよくNetflixで観ているし、休みの日は映画館にも行っているようだ。

名作と呼ばれる映画のほとんどを観たことがなく、基本的に劇場版の『名探偵コナン』しか観ないわたしは、よっぽど興味をそそられない限り、それに付き合うことはほとんどない。

かたや、わたしは温泉やサウナが好きなのだが、夫は長時間お湯に浸かるのが苦手なので、疲れが溜まったときはいつも一人でリフレッシュをしに行っている。

お互い漫画は読むけれど好きな作品が共通しているわけでもない。たとえ「この漫画おもしろいよね！」と同じ感情を抱いても、熱量の差は必ずある。

好きなアーティストも違うため、ドライブのときはお互いの聴きたい曲を交互にかけている。

夫の好きなものをよく知らないうえに興味すらないので、たとえそれについて一生懸命に話してくれたとしても、（楽しそうに話してる〜かわいい〜）と思いながら適当に相づちを打っている。

恐らく夫も（きっと興味ないんだろうな〜でもとりあえず聞いてくれてやさしいなぁ〜）と思って話しているだろう。

もちろん、毎日の生活は楽しいし、休みの日はデートに出かけることも多い。

「一緒に楽しめるものならば、一緒に楽しみましょう」という共通認識には、「もしもそうでないのなら、各々で楽しみましょう」という前提がついている。

わたしたちは、共有できるものとそうでないものを区別しながら、趣味は合わずとも楽しくやれているのだ。

4

ただ、こういう考えに至る前、まだ付き合いたての頃は「一緒に楽しめるものは多いほうがいいよなぁ〜」と考えていた。

だから、自分の好きなものを相手にも知ってほしいという気持ちから、一生懸命プレゼンをしていたときもあった。

夫からの薦めに（あんまり興味がないんだよな……）と思いつつも、それを飲み込んで汲み取る努力をしたこともある。

特に夫はその気持ちが強く、「これまで興味はなかったけれど、深く知ることでもしかしたら好きになれるかもしれない」という姿勢をずっと持ってくれていた。

わたしは、心が疲れたとき、なにかにすがりたくなったときは、ハチャメチャにどエロいＢＬ漫画を貪るように読む、という心の安寧の保ち方をよくやる。

そのため、それなりの数のＢＬ漫画を所有しているのだが、ある日夫が「一度も読んだことないから、ちょっと読んでみようかな」と興味を示した。

いや、うーん。読まなくていいよ。別にわたしがそれを好きだからといって、あなたまで無理に好きになる必要はないんだし。それに好きなものを否定されたら、やっぱりかなしいしさぁ。たぶん、あなたは好きにならないと思うよ？

そう渋ったが、「でも、同じものを好きになれたら、一緒に楽しめるじゃん！」と曇りなき目を向ける夫を邪険にもできず、「これとか、初めてでも比較的読みやすいかも……」と、秘蔵コレクションの中の一冊を渡した。

まあ、たぶん「あんまりおもしろくなかった」「よくわからなかった」って言うんだろうなぁ……男の人でＢＬにハマる人ってそんなにいないし……。でも、「気持ち悪い」って否定はしないといいな……。

ソワソワしながら顔色を窺《うかが》っていると、読み終えた夫が口を開いた。

「これのどのあたりが萌えになるの？」「別に、このストーリーは男同士に限定する必要はないと思うんだけど……」「部活っていう狭いコミュニティで、葛藤も揉め事もなく、全員が付き合うなんてずいぶんご都合主義じゃないかな……」「普通、こんなにスルッと穴になんか入らないよ！」

4

至極真面目に、純粋な眼差しで、矢継ぎ早に繰り出される現実的な質問に、わたしはブチ切れた。

「うるせぇ!! BLは理屈じゃねぇんだよ！ 都合よく萌えを摂取するファンタジーなんだよ!! それがわかんないなら二度と聞いてくんな!!」

この一件があってから、わたしたちは無理に趣味を共有しようとしなくなった。

大事なのは尊重だ、内容の理解はいらない。

むしろ、そっちのほうがずっと仲良くやれる気がする。

「やっぱり趣味がないとだめなのかなぁ……みんな恋人や結婚相手とは一緒に趣味を楽しみたいのかなぁ……」

いつまでも悩み続ける彼女に、「そんなの、一つも関係ないよ」と強くアドバイスをした。

ていねいな暮らしっつーやつは

それは出版に向けた作業も佳境に入り、精神的にも、肉体的にも、かなり追い込まれていたときのことだった。

生きるか、死ぬか。殺るか、殺られるか。

余裕なんて生ぬるいものは、ひとかけらも残っていなかった。

大げさだと言われるかもしれないが、当時のわたしの生活は、それはそれはひどいものだった。

不眠不休で作業し、力尽きて気を失う日々。その繰り返しで、生活リズムは乱れきっていた。

閉め切ったカーテンから射し込むオレンジ色の光は朝焼けなのか、それとも夕焼けなのか、判断がつかない。

4

家の目の前にあるコンビニでなにも考えずに買った弁当を食べるのならまだいい。

ひどいときは、ちくわにマヨネーズを注入して手づかみで食べたり、おにぎり用の海苔をむしゃむしゃ食べたり、コーヒーだけで腹を満たしたり、チェーンスモーカーになって空腹をごまかしたり……。

今日は歯を磨いたのか、最後に風呂に入ったのはいつなのか、それすらもわからなかった。

部屋着のスウェットは洗濯もせず、ずっと同じものを何日も着続けていた。

パンツだけはかろうじて毎日替えていた、と思いたい……。

なんとか締め切り内に作業を終わらせ、ボロボロの体を引きずり、クロネコヤマトで「あの……とりあえず一番早く東京に届くやつを……確実なやつを……」と懇願し、原稿を担当編集に送る。

そのまま家に帰り、風呂に入ってさっさと寝ればいいものを、肉体的な疲労と無事締め切りに間に合った達成感から、ランナーズハイならぬ〝締め切りハイ〟になっていたわたしは、帰り道にスーパーでパック寿司と缶チューハイ数缶を買い、家で一人打ち上げを開催することにした。

ダイニングテーブルには物が溢れかえっていてなにも置けないが、片づける気力は残っていない。何日も掃除機をかけておらず、歩けば足の裏にほこりが付着する床に座り込み、酒を飲んでバキバキに凝り固まった体をほぐす。

喉に落ちていく刺激を味わいながら、連日のひどい食生活、不規則な生活リズム、夫とのコミュニケーション不足を思い出していた。

そして、ツイッターに書いたのだ。「ていねいに暮らしたい」と。

「ていねいに暮らしたい、誰もが羨むようなおしゃれなのじゃなくて、冷蔵庫にはいつも冷えた紅茶が入ってるとか、野菜をたくさん買って下処理をしたあと小分けして冷凍庫に保存するとか、晴れたら寝具をベランダに干すとか、面倒事を放棄して昼から焼肉屋さんでレモンサワーを飲んじゃうとか、そういうの」

頑張った自分を甘やかし、これまで余裕がなかった自分のご機嫌を取ってあげたい。そんな気持ちで何気なくツイートしたこれが、バズった。

4

リプライや引用リツイートの多くは「自分だったらこんなことをしたい」といった内容のもので、「わたしは牛乳に茶葉を入れて煮出したミルクティーを飲みたいなぁ、そのときは焼いたクッキーもちょこっとほしい」だとか、「大事にしてる革のバッグのちょっとした汚れを、もう履かなくなった靴下とクリーナーをつかってきれいに拭き取りたい」だとか、「夏に着ていたお気に入りのワンピースをクリーニング屋さんに持っていきたい……！」だとか。

そういうコメントを見て、いいじゃん！　それがあなたたちにとってのていねいな暮らしってやつなんだね！　サイコーだね！　と、わたしの顔はほころんだ。

しかし、バズるということは、意図しない方向からのメッセージも届く。

「毎日できる掃除系のやつも盛り込んだほうがいいですよ」

「昼間から焼肉屋さんでレモンサワーを飲んじゃうのは、全然ていねいな暮らしじゃないでしょ」

「あなたの言う、ていねいな暮らしができていない自分はだめ人間ですね……」

「それってていねいな暮らしなんですか？　わたしの日常ですけど？」

うるせぇ!!　押し付けんな!!

よそはよそ、うちはうちって、子供の頃お母さんに言われたことなかったんか!?

……まあ、140字ですべてを伝えようだなんてどだい無理な話だから、こういった反応をされるのも仕方がないと、今なら思える。

わたしは、ていねいの矛先は、自分の心に向かっているべきだと思っている。

自分の心をぞんざいにせず、過去のしんどかった自分が救われて、今の自分が楽しくて、未来の自分が喜ぶもの。

そして、それを叶えるために無理をすることは、一つもあってはならない。

晴れた日に寝具を干したいのは、ベランダで陽にあたっている布団を眺めているのが気持ちよくて楽しいし、その晩にふかふかのベッドで眠れるとうれしいから。

野菜をたくさん買って下処理をし、小分けにしたものを冷凍しておきたいのは、作業がストレス発散になるし、しばらくしてから料理をするときに楽チンだから。

仕事や家事などの面倒事を放置して、昼間から焼肉屋でレモンサワーを飲むのだって、楽しいしおいしいし、リフレッシュしてまた明日から頑張れるから。

4

全部、わたしにとってはていねいな暮らしだ。

早起きして、焼き魚と卵焼きとおひたしとお味噌汁と十穀米入りのごはんをつくって食べて、部屋中をぴかぴかに磨いて、煮出したお茶を飲みながらおしゃれなクッキーをつまみつつ休憩して、午後は街に出てジルサンダーの新作ピアスを買って、ベトナム料理を食べて、家に帰って半身浴して、お風呂上がりにSK−IIでスキンケア。

連休だからと昼まで寝て、目が覚めたあとも布団の中でだらだらして、テキトーな格好で回転寿司を食べに行き、帰りに近所の銭湯でサウナをキメて、すっぴんのまま赤提灯の店でしこたま飲んで、シメのラーメンを食べてから帰路につき、そのままベッドにダイブ。

どちらも、本人の心が整うのなら、十分にていねいに暮らしている。

人と比べて、「自分はていねいに暮らせていない」だなんて落ち込むのは無駄だ。

人と比べて、「あの人よりていねいに暮らせている」と悦に入るなんてダサい。

どっちでもいい。形式的なことはどうだっていい。ていねいな暮らしは、自分の中の絶対評価だ。

先日、久しぶりに夫と休みが合った。

前日につかった食器は、水にもつけずシンクに置きっ放し。

寝る前に飲んだチューハイの空き缶は、ダイニングテーブルの上にそのまま。

アラームをかけず、昼前に目を覚まし、ぬるま湯で雑に顔を洗う。

なんとなくで施した化粧、においがついても気にならないテキトーな服で、近所の焼肉屋に向かった。

この焼肉屋は、明け透けに言えば乱雑で汚い、よく言えば気取らずにくつろげる店。小さいテレビから垂れ流されている『ザ・ノンフィクション』を横目で見ながら、安さと量が売りの肉をひたすら焼いて食べた。

念願のレモンサワーだ。

大量の氷によってキンキンに冷えてはいるが、注文するたびにお酒の濃さが違う。そんなガサツさが、またいい。

レモンサワーをじゃぶじゃぶ飲むわたしの向かいで、お酒に弱い夫はアルコールをそこそこに、サイダーを注文した。

無愛想にテーブルに置かれた小さなグラスとペットボトルの三ツ矢サイダーを見て、「隠し事をせずズルがなくていいねぇ」と、二人で小さく笑った。

4

「いいねぇ、こういうの」

「不思議だね、どうしてこんなにおいしく感じるんだろう」

想像よりもずっと安かったお会計を済ませ、「おいしかったです、ごちそうさま」「近所なんで、またすぐ来ますね」と言い、店を出た。

「冬靴がほしい」と言う夫に付き合い、焼肉のにおいを染み込ませたコートを羽織り、赤ら顔でスポーツ用品店に向かう。

スキーやスノボ用品で溢れかえっている店内の隅っこに設けられている靴売り場で、あれこれ試着をする。

時間をかけて吟味したくせに、結局なにも買わずに店を後にし、カルディとパン屋さんに寄って各々の食べたいものを買い終えたら「疲れちゃったね」「もう家でのんびりしたいね」と、まだ日が落ちていないうちから帰路についた。

焼肉のにおいが染みついた楽な服から、家のにおいが染みついた楽な服に着替える。

灯油ストーブの前で二人して寝転び、パン屋さんで買ったクッキーと、カルディで買った外国の味がするチョコレートを、行儀悪く手でつまみながらNetflixで昔のアニメを見る。

「ねぇ、あったかいお茶でも飲もうよ」

「いいよ、淹れてくれるの？」

「いや、君に淹れてほしい」

「なんで、言い出しっぺなんだからあなたが淹れてよ」

「おれ、今日はなにもせずに甘えてやるって最初に決めてたから」

最初から決めてたなら仕方ないなぁと降参し、ケトルでお湯を沸かすために立ち上がった。


せっかくの晴れだったけれど、布団は干していない。

今日つかった食器はおろか、前日の分すら洗っていない。

飲んでいるお茶は煮出したものではなく、ティーバッグにお湯を注いだだけ。

今日は外食と中食の日だからと、スーパーには近づいてもいない。

「ていねいに暮らしたい」と言って、叶ったのは昼間から焼肉屋さんでレモンサワーをじゃぶじゃぶ飲むことだけ。

4

ぐちゃぐちゃのままの布団にくるまって、今日もわたしたちは一緒に眠る。
明日のわたしは、きっと溜め込んでいる食器を洗ってくれるだろう。
お茶を飲んでいるカップだって、かわいくてときめくやつだ。
スーパーは、冷蔵庫が空っぽになったらそのときに行けばいい。

「ていねいに暮らしてうらやましい」と言われるかもしれない。
「なにもていねいに暮らしてないじゃん」と言われるかもしれない。

どっちだっていいよ。
わたしは、今日も自分の心に向けて、〝ていねいな暮らし〟をしたのだから。

「やりたくない」は立派な理由

一応、我が家で料理の担当はわたしということになっている。

こういう言い方をすると、栄養バランスの取れた美しい彩りの、とてつもなくおいしい一汁三菜を一日三食、毎日休まずにつくっていると思われてしまうかもしれない。

そんなことはしていない、いや、できないし、する気もさらさらない。

わたしは、ずっと前に〝ストレスになる料理〟をやめたのだ。

じゃがいもはどうしてあんなにボコボコしてるんだ、皮剥きしにくいにも程がある。

肉を切るとまな板がいちいち汚れるのもいただけない。

揚げ物をすればコンロが汚れ、残り油の後始末だってある。

炒め物をすれば大きなフライパンを狭い流し台で洗わなくちゃいけないし、カレーやシチューをつくれば鍋にこびりついたルーを落とすのにひと苦労だ。

4

つくりたくないときだってある。買い物に行きたくない天気の日だってある。献立を考えることすら億劫な午後だってある。

だから、すぐにクックドゥーに頼るし、つくるときはでかい鍋で大量につくり、同じメニューが連日続く。

じゃがいもは買わない。揚げ物は外で食べる。そんな自分勝手なルールを定めた。包丁の代わりにキッチンバサミを駆使し、食材が入っていたビニールの上で調理する横着な技も身についた。

冷凍食品万歳、人工調味料に感謝、焼くだけの味付け肉最強。手作り信仰なんてクソ喰らえ。

「ストレスフリーな生活」をモットーに掲げているので、できる限り負担を減らした料理を心がけている。

ただ、自分がしたいときにする料理は楽しくて仕方がない。

気分が乗っている日が続けば、毎食栄養バランスの取れた一汁三菜を徹底する。スーパーで大量の食材を買い込み、様々な種類の常備菜をつくることが、ストレス発散になる場合もある。

昔ながらの喫茶店を彷彿《ほうふつ》とさせる固いプリン、きれいな模様の押し寿司、小豆から炊いたぜんざい、大きな筍を下処理してつくった筍ごはんだって、お手の物だ。

だがそれは、あくまでも自分がつくりたいから、つくっているに過ぎない。

ストレスを溜めないため、むしろストレスを発散するために「つくりたいときにつくりたいものをつくる」「つくりたくないときはつくらない」という選択をしている。

こんなにも勝手なことをしていながら、それでもわたしが我が家の料理担当であり続ける理由は「夫よりはマシ」という、その一点に尽きる。

それほど、夫の料理の腕は壊滅的なのだ。

過去に、何度か挑戦したことはあった。

いきなり工程の多い料理をつくるのはハードルが高いからと、切って味つけをして焼くだけの簡単なレシピをネットで探し、「ほら、ここに書いてある通りにつくればいいんだよ」と見せ、スーパーへ買い物に行かせた。

4

しばらくすると、夫から電話がかかってきた。

「鶏モモ肉200グラムって書いてあるけど、スーパーには250グラムのやつしかない……どうしよう……」

50グラムぐらいねぇ！　ただの誤差だよ！　ちょっとお肉が多くてうれしい料理ができあがるだけ！

「ズッキーニが売ってないよ！　つくれない！」

じゃあナスでいいよ！　ズッキーニとナスはざっくり言うとただの色違い！

「玉ねぎ80グラムって何個……？」

テキトーだよそんなの！　玉ねぎなんてねぇ、いくら入れてもいいの！　ねぎと名のつくものは、入れれば入れるほどうまくなっから気にすんな！

……とまあこういった具合に、料理をしない人にありがちなさじ加減のわからなさ、それに加えて夫の真面目な性格のせいで、一度の食事の準備がかなりの大仕事になる。

以前、夫が知り合いの家に遊びに行ったとき、振舞ってもらった人参のサラダがとてもおいしかったらしく、それをどうしてもわたしに食べさせたいと、作ってくれたことがある。

珍しいこともあるもんだな、とうれしくなったが、手放しで喜ぶのはまだ早い。

一応、夫にレシピを聞いてみた。

「千切りした人参に塩ひとつまみをもみこんで、レーズンを加えて、白ワインビネガーとクミンで味を見ながら味付けをする」

……それこそ料理上手な人がよくやる〝目分量〟である。

鶏肉の50グラムの誤差にも戸惑ってしまう夫に、つくれるのだろうか……。

不安な気持ちを押し殺し、「まあ……とりあえずつくってみたらいいよ」と、うるさく口出しをしないようにわたしは出かけた。


帰宅すると、苦い表情をした夫が迎えてくれた。

「おいしい部分が一つもない……再現性はゼロです……」

できあがったサラダを見てみると、人参は千切りではなく、厚めの短冊切り。

「どうやら、あなたとわたしの千切りの認識にはかなりの乖離《かいり》があるようですね……」

と言ってしまいそうになったが、グッとこらえる。

4

切り方なんてこの際どうでもいい。問題は味だ。

おそるおそるそれを食べてみると、あまりの塩辛さに吐き出してしまった。

一瞬、海で溺れたのかと錯覚するほどだ。

「なにこれ!?　海か!?」と今度はこらえきれずに聞くと、塩ひとつまみがどれほどのものなのかわからなかったらしく、手でわしづかみにして加えたという。

どうりで海なわけだ。

あんなに主張が強いはずのクミンの存在を一切感じられない。

なんとか救ってやろうと海のサラダを何度も水洗いしてみたが、どうにもこうにも塩辛さが残る。

食べ物を無駄にはしたくない。でも、全部食べれば血圧がブチ上がり、脳の血管が破裂することは容易に想像できる。二人で生産者のみなさんに心からの謝罪をしつつ、捨てるしかなかった。

この一件が決定打となり、夫は本格的に料理と距離をおくことになった。

その後、わたしは何度か「一緒につくらない？」と持ちかけた。

さすがに、全くの料理初心者である夫に「テキトーでいいよ」「なんとなくで大丈夫だよ」と丸投げしてしまった罪悪感もあった。

だから、一緒に簡単なものをつくれば上手くいくのではないか、と考えたのだ。

夫が料理をできないことに一切の不満はないが、してくれたらうれしいな、と思っているのは事実だ。

わたしだって、たまには台所に立たず、一歩も外に出ず、なにも考えず、時間が来たら誰かがつくって出してくれたものを食べたいだけのときがある。

なにより、できることが多いに越したことはないだろう。


いきなり難しいものをつくろうとしたのが失敗だったんじゃない？

朝ごはんとかどうかな？

ごはんを炊いてさ、おかずはベーコンと卵を焼いて、あとは納豆があればいいし。

サラダはレタスとか葉っぱの野菜をちぎるだけでいいんだよ。

簡単なものならきっとできるよ。

カレーを一緒につくるのはどう？

4

箱に書いてある通りにやればいいだけだしさ。

二人で台所に立ったらきっと楽しいよ、わたしもゆっくり教えてあげるからさ。


ひたすらにやさしく促していたら、夫が真剣な表情で言葉を紡ぎ出した。

わかってる、わかってるんだよ。

料理はできたほうが絶対にいいって。

かかるお金もたかが知れていて趣味にはもってこいだし、なにより生産性がある。

君の負担も減るし、なにかイレギュラーなことがあったときに助かるだろうって。

冷蔵庫のものを勝手につかったからといって、君は絶対に怒らないのもわかってる。

後片づけだって、別に嫌いじゃない。

どんなに簡単なものでも、たとえ下手くそでもおいしくなくても、おれがつくれば君は「ありがとう、おいしいね」って心から喜んでにこにこしてくれることも、わかってる。

料理はコスパがいいってこと、ほんとうにわかってる。

メリットは、ぜ――――んぶわかってる。

でもね、ほんとうに、ほんとうに、料理がなによりも苦痛なんだ……この世で一番やりたくないいんだ……。


夫のあまりに必死な訴えに、声を上げて笑ってしまった。

そこまでわかっている上で、嫌なら仕方がないね。

夫婦二人暮らしなんだから、どうとでもなる。

やりたくないことをやらずに済むのなら、そっちのほうが絶対にいいもんね。

どうにもならなくなったら、そのときにまた考えればいい。

お互いのストレスフリーな生活のために、やりたくないことは極力避けて、気楽にやっていきましょう。

3分クッキング
今日は
海をつくります
完成！
ひとくち食べるとそこは海
海は食べ物ではないので残しても大丈夫です
あとは沢山遊びましょう

豊かなお金のつかい方

昔から、かなりの面倒くさがりで、わりと鈍感なほうだったと思う。

どんな環境に置かれても「こういうもんなんだろうな」と納得してしまい、疑問を感じることが少なかった。

人間関係における、「この人が嫌だ」とか「腹が立つな」という自分の感情にはすぐに気づけるのに、生活の中の不便さや不自由さには、なぜかあまり違和感を覚えないのだ。


大学時代は、とてつもなくお金がなかった。

わたしが通っていたのは、私立の薬学部。ただでさえ高い学費を6年間も捻出してもらっていたにもかかわらず、アホで親不孝者のわたしは留年をし、余計な学費の負担を親に強いていた。

4

裕福な家庭の学生が多く、周囲は親から潤沢なお小遣いをもらって勉学に励んでいたが、無理をさせていた親に小遣いをせびろうだなんて思いもしなかった。

勉強をしなくちゃいけないから、バイトをする時間はない。

遅くまで大学に残って勉強をしていれば、当然お腹は空く。でも、お金がない。

仕方がないから、家の庭になっていたキュウリやトマトをもいで大学に持っていき、おやつ代わりに食べて空腹をしのいでいた。

周囲からは笑われたし、実家に住んでいたのだから自分でなにかつくって持っていけばよかったな、と今ならわかる。

しかし、当時は「学生ってこういうもんでしょう」としか思っていなかった。

その後、なんとか大学は卒業できたものの、国家試験に落ちたため浪人生活を送ることになった。

知らない土地で一人暮らしを始めて、半年間働いてお金を貯め、その貯金を切り崩しながら残りの半年間は家に引きこもって勉強をする日々。

短期のバイトをするなり、親に頼るなりすればよかったのかもしれない。だが、そのときも「浪人生活ってこういうものなんでしょう」と納得し、単価当たりのカロリーを計算し、できるだけ安く高カロリーのものを摂取することばかり考えていた。

こういった、若い頃にお金がなくて苦労をしたエピソードなんてのは、特段珍しいものでもないだろう。

住む家はあったし、困窮していたわけでもない。親には十分に教育を受けさせてもらったので、わたしはとても恵まれていたと思う。耐えられないほどつらい時期だったとは、当時も今も全く思わない。

ただ単に、自分の状況になにも疑問を感じていなかっただけなのだ。


無事に国家試験に受かり、正社員として働き、給料をもらえるようになってからも、その傾向は変わらなかった。

もちろん、あの頃よりも生活水準は上がった。

お腹が空けばコンビニで食べたいものを買えるようになったから、わざわざ庭になっているキュウリやトマトを持って出かける必要はなくなったし、単価当たりのカロリーを計算して食事をするのではなく、ある程度は栄養バランスを考えて料理をしたり、たまの外食を楽しんだりもできるようになった。

ただ、生活における便利さには、相変わらず頓着がないままだ。

そもそも、生活を今よりも便利にするためにお金をつかうという発想がなく、「あの頃はこれで別に困っていなかったし」「今もなにか不便を感じているわけじゃないし」という考えが、いつまでも拭えない。

たとえそれが生活に必要なもの、あったほうが絶対に便利だとわかっているものだったとしても、つい目の前の金額だけで判断してしまい、「高っ！　じゃあいらないや」となってしまうのだ。

4

そんなわたしの「お金をつかう基準」は、夫と結婚してからずいぶんアップデートされたように思う。

北海道に引っ越すタイミングで、洗濯機を新しく買い替えることになった。

「なんかみんながいいって言ってるし」くらいの気持ちから、自動洗剤投入機能付きのドラム式洗濯乾燥機がほしいと思っていたのだが、家電量販店で実物を見たとき、値段の高さにひっくり返った。

ハァッ!?　高っ!!　縦型洗濯機の倍近くするじゃん!!

まあたしかに、洗濯物を放り込んで、スイッチを一つか二つ押しておけば、最適な量の洗剤と柔軟剤が勝手に投入され、放っておけばふわふわの洗濯物に仕上がるというのは、とても便利である。

便利ではあるが、これまで縦型洗濯機をつかい、毎回洗濯物を干していたわけだし、それで特別に困難を感じることなく生活してきたのだから、別に同じものでよくないか……？

一瞬で金額に怯み、「高いよ、わたし縦型の洗濯機でもいい気がしてきた……」と隣の売り場に行こうとしたら、「めちゃくちゃいいね、これ」と夫が頷いた。

「そりゃあいいけどさぁ、結構高いじゃん」

「ちゃんとそれだけの価値はあるよ」

たしかに、安い買い物ではない。縦型のほうがずっと安い。でも、毎日の天気を気にしなくていい。干す時間を必要としない。洗濯が終わるタイミングに合わせて行動しなくていい。洗濯機はほぼ毎日使うもの。毎日の労力と時間が大きく減ると考えたら、絶対に買ったほうがいい。

そう懇々と諭され、値段の高さにゲロを吐きそうになりながらもお会計を済ませ、

4

我が家には自動洗剤投入機能付きのドラム式洗濯乾燥機が導入された。

同様に、わたしが「寝られればいいじゃん」という考えだったマットレスを買うときも「寿命はだいたい10年。一日の約3分の1の時間をベッドの上で過ごすんだよ。睡眠の質は仕事のパフォーマンスに直結するし、もし肩こりや腰痛になったときにかかる医療費を考えたら、絶対にケチらないほうがいい」と、そこそこ値が張る質のいいものを買った。気に入ったけれど予算オーバーで諦めようとしたダイニングテーブルは「実家を思い出したらダイニングテーブルはずっと買い替えていないよね。毎日つかうものだし君はそこで仕事をするんだから、妥協をせず、一番にときめくものを買ったほうが絶対にいい」と、少しだけ奮発した。

普段の夫は、あまりお金をつかわない。

別にケチくさいわけではないし、わたしのお金のつかい方になにか言うこともない。外食にだってたまに行くし、長期の休みがあれば旅行に行くこともある。

でも、仕事のときは水筒に自家製の麦茶を入れて持って行ったり、喫茶店で600円のコーヒーがおいしくなかったら落ち込んだりしている。

車などのお金のかかる趣味もなく、休みの日の過ごし方は、もっぱら図書館で借りた本を読んだり、Netflixで海外ドラマを観たり、とても慎ましやかだ。

しかし、生活に大きく影響する買い物になると、わたしのように「高い！　じゃあいらねぇ！」とはならず、自分が絶対に必要だと思えば、妥協せず、たとえ予算を少しばかりオーバーしていても躊躇《ちゅうちょ》しない。

「自分の生活レベルに見合った金額なら、費やす労力や時間が減る選択をする」

「ストレスなくご機嫌に毎日を過ごせるのなら、それだけの価値はある」

視野を広く持ち、長期的な目線で自分の生活を捉え、ほんとうに自分にとって価値があるものにはきちんとお金を払うべきという考え方。

人に見せるためや一瞬のおもしろさではなく、毎日の暮らしの中のときめきと、見えない部分の豊かさを大事にしているその姿勢。

夫のこういうところ、ほんとうに見習わなきゃなぁ。

「気に入るものを探すのが面倒だし、別に今のところ困っていないから」という理由で、文房具を入れてペンケース代わりにしているボロボロのジップロックを見て、そう思った。

ダセェことすんなよ

喫茶店で原稿を書いているとき。友達とカフェでごはんを食べているとき。一人バーでお酒を飲んでいるとき。喧騒の中で、知らない誰かが発した「全然そんなことないよ」という言葉がふと耳に入ってくると、数年前の腹立たしい出来事を思い出す。

それは、わたしがまだ会社員として勤めていた頃。

体力があって酒が飲め、ノリがよくて下ネタも軽く流せる性格ということもあってか、わたしは会社の酒の場に駆り出されることが多かった。

その日も、どこだかの部署のナントカさんという、ほぼ面識のない人の送別会に参加していた。

最初は上下関係を気にし、お行儀よく仕事の話をしていたはずが、約三十人という大所帯で酒を飲んでいれば、次第に参加者たちの気は緩み、誰に言われるまでもなく無礼講となる。

給料が安い。残業がキツい。社内の誰それが付き合っている。下世話で、下品な話題。ボリュームのツマミが壊れた酔っ払いたちの大きな声が、あちこちで飛び交う。

そんな無法者と化した同僚たちにならい、足を崩して酒を飲んでいると、以前研修で一緒になった女性に「最近結婚したんだって？　おめでとう〜」と声をかけられた。

「ありがとうございます。そうなんです、結婚したんです」

「旦那さんの写真ないの？　見せて〜！」

スマホを取り出し、夫の写真を見せる。

「かっこいいじゃん！」

「そうなんです〜！　ほんとうにかっこいいんですよ」

わたしたちがキャッキャと楽しく会話をしていると、どこからか「ハンッ」と無遠慮に鼻で笑うのが聞こえた。

別の部署の、男性上司である。

酒で顔を赤らめた彼は、ネクタイを緩めてかなりリラックスしているようだ。

「そんなのなぁ、今だけ今だけ！　そのうち、うざったくて仕方なくなるもんだって」

人の結婚生活の行く末を勝手に決めつけるような物言いにムッとしながらも、場の

4

雰囲気を壊すまいと「結婚して何年なんですか？」と尋ねてみた。

「あーもう10年以上になるかな」と彼が答えるやいなや、別の人が「奥さん、すっごくきれいでいい人ですよね！」と横から割り込んできた。

どうやら奥さんはもともと同じ会社の人で、結婚を機に寿退社したらしい。

そのため、同じテーブルについていた人たちの多くは面識があり、人となりもよく知っているとのこと。

「すごいやさしい人だったよー」

「たしか料理もすごく上手ですよね、毎日手づくり弁当持ってきてるの見てました」

「おれも会ったことあるけど、一歩下がって夫を立てるタイプだよねー」

周りの人たちの言葉を聞いて、「めちゃくちゃ素敵な奥さんじゃないですか」と言うと、上司は「そんなことねぇよ、マジで大したことない女なんだよ」と吐き捨てるように言った。

専業主婦なんだから家のことをするのは当たり前。美人でもないただのオバサン。

欠点ばかりで大した人間じゃない。

周囲のフォローを徹底的に否定するその姿は、照れ隠しとは到底思えない。口を開けば奥さんを下げる発言が次から次へと溢れてきて、どう好意的に解釈しても謙遜と捉えることはできない。

あまりにもひどい言い草に、聞いているこっちはうんざりする。

「自分が好きで結婚したのに、そういう言い草はマジでダサいですね」

ほとんど反射的に言葉が出た。

すると、「あのなぁ、こういうのが普通なの。これこそが日本人の美徳。謙虚な姿勢もなく、やれ旦那がかっこいいだなんだのと恥ずかしげもなく言ってるお前のほうがおかしいんだよ。お前みたいな女がよく結婚できたよなー。お前の旦那も絶対おかしいだろ」と彼は説教をかましてて気持ちよくなったのか、ゲラゲラ笑い出した。

一瞬冷えかけた空気に居心地が悪くなった他の人たちが、遠慮しながらゆっくりと笑いに乗っかり始めたのが見えた。でも、そんなの関係あるか。

もともと喧嘩早く、相手がどんな立場の人間であれ、言いたいことは言わないと気が済まない性分。

流してもらってたまるかよと、「なんなんですか、美徳って。しょーもな！　自分よりもずっと若い女に、そして会ったこともないその夫に対して、そういう言葉を投げつけられるあなたのほうがよっぽど頭がおかしいでしょう。いや〜奥様はさぞ寛大な人なんでしょうね。口以上に頭が悪いんだよ、マジでダセェ」と口から滑り出た。

そのまま殴り合いの喧嘩になっても大歓迎だったのだが、周囲の気遣いもあり、酔っ払いの戯言だと片づけられて、その場はおさまった。

居合わせた人たちには申し訳ないことをしたとは思うが、わたしは間違ったことは言っていないと思う。

本人に届くことはないだろうが、奥さんの気持ちを想うとどうしてもヘラヘラ笑ってやり過ごすことはできなかった。

これを機に、わたしは〝酒が飲めてノリのいい女〟から〝上司に喧嘩を売る頭のおかしい女〟というレッテルに貼り替えられたが、そんなことはどうだっていい。

あの発言を許せない気持ちは、会社を辞めた今もずっと残っている。

4

配偶者を褒められたときに謙遜する人の気持ちが、まったくもって理解できない。

「そうなんです、とってもいい妻／夫で」と素直に返すのが恥ずかしいのか？

「うちのはいっつも家でダラダラしてるダメ嫁だからさ〜」「旦那は稼ぎが悪くて

ＡＴＭにもなんないの」と笑い者にするかのような発言も、最悪だ。

なんにもおもしろくない。笑いのセンスが枯渇しているなぁと辟易する。

「うちのブスな嫁に比べて、君はほんとうに若くてかわいいよね〜」などと、あわよくばを狙って、身内を貶《おとし》めて他人を褒める行為なんてのは、愚の骨頂。

そもそもそれって謙遜か？　マジで？　ダサくね？　ゲロゲロ〜！　である。

世界で一番いい女だと、世界で一番いい男だと、心から思って結婚したのだろう。

そして、今も相手を心から愛していて、離婚したいだなんて微塵も思っていないのに、周りの目を気にして嘘の言葉を吐くのか？

そんなの、あまりにもダサすぎるだろう。


わたしは、そんなダサい真似は絶対にしない。

「毛に絡まった蚊が、血を吸えずにそのまま力尽きて死んでいるほど腕の毛が濃い」だとか、「顔の彫りが深すぎて、寝起き一発目に至近距離で見ると胃もたれする」だとか、おもしろおかしく話すことはあっても、それは夫のそういうところが愛おしくてたまらないからだ。だから、「旦那さん、素敵な人だよね」と言われたら、「そうな

4

んですよ、ほんとうに世界で一番いい男で。夫のことが大好きで仕方がないんです」と必ず答える。

だって、ほんとうにその通りだから、わざわざ「そんなことないですよ〜」と返す必要性が一つも見当たらないのだ。

わたしが夫のことを一番よく知っているし、夫のよさを誰よりも理解している。だから、誰かが夫の魅力に気づくのは至極当然だと思っているので、「そうなんですよ」と答える以外の選択肢がない。

配偶者を褒められたときに放つ「そんなことないよ」という言葉は、そのとき同じ空間にいなければ、本人には届かないと思っているだろう。

でも、いつか、なんらかのかたちで、それがたとえ言葉ではなかったとしても、必ず本人のもとへ届くようになっているのだ。

言葉というのは、そういう風にできている。

わたしは、そう信じている。

誰が、謙遜という名の否定なんてしてやるものか。

誰が、世間体を気にして夫を下げる発言なんてしてやるものか。

たびたび「ほんとうに幸せな人は、そんな風にわざわざ幸せアピールをしない」だの「プライドが高いから外で不満を漏らせないだけ」だのと言われるが、上等だ。

わたしは、ダセェことをしないだけ、ダセェ自分になりたくないだけだ。


先日、夫と共通の友人とお茶をする機会があった。

しばらくぶりに会った彼女とお互いの近況を話していくうちに、夫の話になった。

彼女は、少し前に夫と会ったとき「うちはほんとうにラブラブなんだよ、結婚してから毎日楽しいんだよね」と言われたそうだ。

「それでね、奥さんのこと大好きでしょ？　って聞いたら、なんて答えたと思う？」

「なんて答えたの？」

質問に質問で返すと、彼女は笑いながら教えてくれた。

「ほんとうに大好き、明るくて強くて健康でかわいくてサイコー、だってさ」

夫が臆面もなくわたしを褒めていたことを知り、「ふーん。まぁ、当然だけどね」と、気恥ずかしさから目を逸らした。

結婚してよかった

5

やさしさの飴玉

夫と結婚したばかりの頃、近所のなじみの店でとあるご夫婦と知り合った。

ある日、その奥さんと、いつもの店に二人きりで飲みに行ったときのこと。

酒を飲み始めて3時間弱。気分がよくなってきたところで、ふと「あんな、いつもポケットにやさしさの飴玉を忍ばせといたらええで」と言われた。

「やさしさの飴玉って言ってもな、実際のアメちゃんちゃうで。目には見えへん、架空のやつな。まだ結婚したてやと、好き好きぃ！　って気持ちしかなくてピンとこぉへんかもしれんけど、結婚生活が長くなるにつれて必要になってくんねん。一緒に生活してて、イラァッ……！　ってしたときに、それを舐めるとええよ」

目の前のテーブルには、空になったワインボトルが2本ある。

彼女はまるで無脊椎動物のようにくにゃくにゃしていて、わたしも船をこぐのを抑えられずにいた。

5

そんな状態でも、彼女が親切心から言ってくれているのは理解できた。が、〝やさしさの飴玉〟というやつがよくわからない。

酔っ払いの戯言か、と回らない頭で流そうとしたが、顔を真っ赤にしながら「覚えとき！」と矛先が定まっていない指を差し向ける彼女は、至極真剣なのだろう。

ベッコベコに酔っ払っている様子を見かねたオーナーが「ずいぶん飲んだなぁ！　ちゃんと帰れるか？　旦那たち召喚するか？」と提案してくれたが、「いやいや、お互い歩いて5分のところなんで」と断り、わたしたちは店を出た。

反対の方向に歩き始めた彼女に「ええか！　やさしさの飴玉やで！　忘れたらアカンで！」と念押しされ、「肝に銘じておきまーす！」と勢いよく返事をしたものの、やっぱりなんだかよくわからない。

架空の飴玉？　だんだん必要になってくる？　舐めたらイライラがおさまる？――

気づけば、結婚してまる3年。今なら、彼女の助言の意味がよくわかる。

「夫婦は一番近い他人」とはよく言ったもので、育った環境の違う、すでに自我が形成された大人同士がともに生活を営めば、多少なりともイラッとする瞬間はある。

価値観の相違から、喧嘩に発展することだって、当たり前にあるだろう。

「結婚するなら価値観が同じ人がいいよね」なんて幻想を口にする人もたまに見かけるが、そんな相手はこの広い地球のどこを探しても存在するわけがないと思っている。

せいぜい、似たような価値観を持った人、多様な価値観を持つ中でも共通する部分が多い人、程度だろう。

もちろん、わたしと夫も価値観が同じわけではない。

それでも、ありがたいことに運がよく、「万が一、価値観に大きなずれが生じた場合、きちんと話し合いができて、都度擦り合わせをしようとする価値観」を共通して持っていたため、なんやかんや上手くやれている。

わたしは夫を世界で一番愛しているし、「こういうところが嫌だ、許せない」などと、人格の根底を揺るがすような壁にぶち当たったことはこれまでに一度もない。

でも、ごく稀に、こう、どうしようもなくイラッとすることがほんの少しだけある。

汚れ物が溜まった洗濯カゴの中にひっそり隠れている、丸まったまま脱ぎ捨てられた靴下。

翌朝に出される、前の日に職場に持って行った空の水筒。

洗い物カゴに放置された食器を片づけてくれるのはとても助かる。が、いつもと違う場所にしまわれていて、つかおうとするたびに探す羽目になる菜箸。

どれもこれも、大したことじゃない、ほんとうに些細なこと。

どうしたって生活の中に生まれてしまう、小さな習慣の違い。

でも、この小さなイライラが出てくるたびに「ちょっとこの部分の価値観が合わないな〜。よし、ちょっくら膝を突き合わせて価値観を擦り合わせるために話し合いでもしますか!」なんてことは、いちいちやってられない。

丸まったままの靴下、翌朝に出される空の水筒、いつもの場所にない菜箸は、〝価値観の違い〟と言うにはいささか仰々しすぎる。

わたしは、忙しいのだ。

毎朝決まった時間になると、スマホのけたたましいアラームで起こされる。いつも同じメニューの朝ごはんと冷凍食品を駆使した弁当を夫につくってやり、どうせすぐヨレヨレになるとわかっている化粧を雑に施し、慌ただしく身支度を整えて仕事へ向かう。帰宅したら、弁当のおかずの残りと納豆ごはんをかき込み、四角い部屋をまあるく掃いたあとは、ウンウン唸りながら締め切りがとっくに過ぎた原稿と向き合う。そうこうしているうちに夜ごはんの支度をする時間になり、あっという間に夫が帰ってくる。お腹を満たしたら、お風呂に入って汗を流し、明日のことを考えて眠る。

その合間には、毎週楽しみにしているテレビ番組を観たいし、好きな漫画の新刊が発売されたら読みたいし、推しの深夜ラジオを聴きたい。お風呂上がりにはコンビニで買ったアイスを食べたい。季節が変われば新しい服を買いに行きたい。友達とだって遊びたい。なにもせず、ボーッと過ごす時間もほしい。

やらなくちゃいけないこと、やりたいことが溢れている毎日は、とてつもなく目まぐるしいのだ。

そんな生活の中で、我慢の限界に達するほどのよっぽど大きな出来事で、それもどうしても譲れない部分ではない限り、お互いの価値観がどうのこうのなんて、そんな面倒くさいことやってられっかよ。

わざわざ膝を突き合わせるような話し合いの場を持たないまでも、「ねぇねぇ、靴下が丸まったままカゴに入ってたよ〜。ちゃんと戻してから入れてくれるとすっごく

5

助かるな」とやさしく言えたら、それでいい。

いつだってわたしの言葉に耳を傾け、理解を示そうとしてくれる夫のことだから、「わーごめん！　次からは気をつけるね！」と素直に返してくれるはずだ。

わかっている、わかっているけれど。

サボればサボるほど、どんどん積み重なっていくやらなくてはいけないこと。それらをなんとかこなすために必要不可欠なやりたいこと。

あっという間に過ぎ去る時間と、変化を感じながらも繰り返す毎日。

簡単には直らない、染みついた生活習慣。

それらが輪になってわたしを取り囲み始めると、やさしさも、気遣いも、かわいげも、すべて宇宙の彼方へ飛んでいく。

いや、前にも言ったよね？　何回同じこと言えばいいん？　いい加減にしや！　丸まったまま洗ってきれいにならなかった、くっさいくっさい靴下を履いて仕事に行くの、あんたも嫌やろ？　なんかわたし間違ったこと言ってるか？　言ってないよな？ああん⁉

怒りの熱量を保ったまま、思わず勢い任せの強い言葉をぶちまけそうになるのだが、そんなことをしようものなら、言われたほうは「あーもう！　わかったわかった！そんな言い方しなくてもいいじゃん！」と素直に受け取れないだろう。

丸まったままの靴下を脱ぎ捨てないでほしいという話が、「そんな言い方しなくても」「そんな言い方させるようなことをするほうが悪い」と、いつの間にか問題がすり替わってしまう。

それが続けば、次第にギスギスし始め、今まで気にならなかったことまでもが目につくようになり、溝を埋めきれなくなった結果、最悪の場合は離婚……なんてことにならないとは言い切れない。

そんなの、嫌!!

だから、わたしはいつもポケットに〝やさしさの飴玉〟を忍ばせている。

丸まったままカゴに入れられた靴下を見つけ、「またかよ！」とカッとなりそうなとき、目には見えないやさしさの飴玉を口に放り込むおまじないをする。

すると、口の中に甘さがふわっと広がったように感じ、なんとなく肩の力が抜けるのだ。

5

（いや、でもなぁ。わたしも服とか脱ぎっぱなしでそこらへんに放置することもあるしなぁ。それを見て、夫がケンケン言ったことは一度もないよなぁ）

架空の糖分が脳に回り、見失いかけていた相手のやさしさが心に浸透していく。

（なんだったら片づけておいてくれたりもするんだよな。一緒に生活をしてたらお互い様の部分ってあるよね。一緒に暮らすって、きっとそういうことだよね）

わたしたちの結婚生活は、思いやりの応酬で成り立っていたことが思い出される。

（っていうか、靴下一つで怒り狂う必要ってあるのか……？　せっかく結婚したんだから、できる限りハッピーなほうがよくない……？）

甘さが体中に染み渡り、熱を帯びていた頭が冷めれば「ねぇねぇ、次からは靴下を直してからカゴに入れてくれるとうれしいな」とやさしく伝えられるようになる。

やさしさの飴玉は、目には見えない、不思議な飴玉。

いつもポケットに忍ばせておくのが吉。

効能は、相手のやさしさを思い出すことで、自分もやさしくなれる……気がする。

顔を見ればわかる

わたしは、うんこが顔に溜まる。

「うんこは腸に溜まるものでしょう」という至極真っ当なツッコミが聞こえてきそうだが、そんなことはもちろんわかっている。

どうか、うんざりせずに最後まで聞いてくれ。

うんこは、腸に溜まるが、顔にも溜まるのだ。

事実、わたしはうんこが出なくなると、下腹部がパンパンに張るだけでなく、頬が膨らみ、目と鼻が埋もれて小さくなり、輪郭がひと回りもふた回りも大きくなる。しかし、どでかいうんこを捻り出してすっきりしさえすれば、あーらびっくり。その直後には頬はしゅるしゅると萎《しぼ》み、目は大きく開かれ、鼻のラインまでもがシャープになり、顔はすっかり小さくなるのだ。

5

こうした、自身の恥ずかしい部分をできる限りひた隠しにしている夫婦もいれば、オープンマインドで曝《さら》け出している夫婦もいるだろう。

わたしたち夫婦は、完全に後者だ。

夫の鼻の穴から鼻毛がちょろりと顔を出していれば指摘するし、わたしのアゴに極太の毛が生えていたら抜いてもらうし、わたしが締め切りに追われて風呂に入るという最低限のことすら疎かになっていると、夫は「ヤギのにおいがするよ」と笑う。

中でも、こと、うんこにおいてはかなり明け透けで、ルールとして定めたわけでもないのに「今からうんこしてくる」という予告や、「今日すっごいの出た、ほぼ龍だった」という報告が、生活の中で当たり前に繰り出される。

結婚生活が長くなり、徐々に肩の力が抜けていくうちに「この程度なら相手に引かれないだろう」というラインが少しずつ曖昧になっていくものだと思うが、わたしたちは付き合いたての頃からそうだった。

出会った当時、わたしは北海道に、夫は関西に住んでいた。

遠距離の状態で付き合い始め、わたしが関西に就職するまでの1年間に会った回数は、たったの3回。

毎日のように連絡はとっていたが、一緒に過ごした時間は圧倒的に少なかった。

そんな中、大学卒業間近の春休みに、遠く離れたところに住む夫に会いに行くことになった。

五泊六日、ただ好きな人に会いに行くためだけの旅行。

どうしよう。ようやく、ようやく会える。

勉強漬けの毎日で、夫とはもう8ヶ月も会えていなかった。あまりの寂しさに涙を流し、砕けそうなほど奥歯を噛み締めた夜がどれほどあったことか。

会えることが決まってから、胸は高鳴り、顔は緩みっぱなしで、足元はずっとふわふわしていた。

できる限りかわいい状態で会いたいと、何日も前からダイエットとスキンケアに勤しみ、あれでもない、これでもないとファッションショーを重ね、前の晩は爆発しそうな衝動をごまかすために、自室で四股を踏んでいたほどだ。

一緒に過ごした数日間は、とても楽しかった。

5

会えなかった時間を埋めるかのように、わたしたちはたくさん会話をし、一緒にいろんなところに行き、一緒においしいものを食べ、一緒に笑い合い、一緒に眠った。ダイレクトに感じられる表情、声、空気、温度は、こうも眩しくて尊いものなのかと、あまりの幸福に涙が溢れそうだった。

しかし、ありったけの幸福感とは裏腹に、わたしは不安も抱えていた。

夫に会いにきてから、一度もうんこが出ていなかったのだ。

さすがに緊張していたのだろうか。外食続きで食物繊維の摂取量が足りていなかったのだろうか。

夫への恋心と、あと少しでこの時間も終わってしまうという寂しさに正比例し、わたしの体内を占めるうんこの割合も日に日に増していった。

夫が席を外した隙に下腹部を拳で強く殴ったり、トイレで脳の血管が破裂しそうなほど力んでみたり、あの手この手で体内のうんこと決別しようと試みるも、うんともすんとも言わない。

これは、非常にまずい。

かわいいと思われたくて、もっと好きになってもらいたくて、あんなに事前準備を頑張ったのに……。一緒に過ごしているときも、できるだけきっちりメイクをして、食事のあとはメイク直しもして、気をつかっていたのに……。

わたしはうんこが顔に溜まる女。このままでは、次に会うときまでパンパンな顔の印象が、夫の中にこびりついてしまう。

さらには、何日もうんこが出ていないことで、口臭までうんこに支配されているのではないか、という疑心暗鬼にも陥っていた。

今のわたしはベストコンディションではないと言い訳したい。顔が大きく膨らんでいるのも、口が臭いのも、怠惰が原因ではない。うんこが原因なんだと責任逃れをしたい。

北海道に帰る前の晩、わたしの表情はとても暗かった。

明日の別れがつらくて沈んでいるように見えたのか、夫は「またすぐ会えるよ」「おれも寂しいけど頑張ろうね」「おれたちなら離れていても絶対に大丈夫だよ」と、や

5

さしく励ましてくれた。

違う、それもあるけど、そうじゃないんだ。

夫の目に映るわたしの顔は、パンパンじゃないだろうか。

「帰りたくないな」と甘えた言葉をこぼすわたしの口は、臭くないだろうか。

もう、うんこのことしか考えられなかった。

腸はもちろん、顔だけでなく、頭までもがうんこに支配され始めていた。

もう、限界だ。

これ以上、うんこに支配されるなんてごめんだ。

意を決して、夫に告げた。

「あのね、ここにきてから、一度もうんこが出てないんだ……」

夫は、笑うことなく、引いた表情も見せず、「それは大変だ！」とわたしを仰向けに寝かせ、お腹を懸命にのの字マッサージし始めた。

「頑張れ～腸よ動け～うんこよ出てこい～」と念じながら、わたしの下腹部をやさしい力で押し続けてくれる姿を見て、「なんていい人なんだろう、この人となら結婚しても上手くやっていけそうな気がする……」と感激したのを、今でも覚えている。

ちなみに、5日間もわたしの体内に滞在していたうんこは、空港に着くやいなや、便器が割れるんじゃないかというほどの量が出て事なきを得た。

それを夫に報告したところ「よかったね！　ずっと心配してたから安心したよ！」と、わたし以上に喜んでくれた。

結婚してしばらくしてから、このときの感動を夫に伝えると、「おれも、会って三回目の女性に、ずっとうんこが出てない、なんてまっすぐな目で言われて、あぁこの人とはずっと上手くやっていけそうだなって思ったよ」と言われた。

とまぁ、こういった経緯があったものだから、わたしはうんこが出た／出てないの報告を、当たり前に夫にする癖がついてしまった。

結婚したばかりの頃は、わたしが「昨日からうんこが出てないんだよねぇ……」と言えば、夫は「たしかに、いつもより顔が大きいかも……」と、「今日めちゃくちゃうんこ出た！」と言えば「たしかに！　今朝より顔がすっきりしてるね！」と、報告から見た目の変化を認識してくれる程度だった。

しかし、結婚生活が長くなり、顔を合わせる時間が長くなるにつれて、夫に「今日、なんか顔がパンパンじゃない？」と指摘をされて初めて「そういえば今日はまだうんこ出てないな……」と気づくようになり、「あれ？　なんか今日は顔が小さいね」と指摘をされて「まあ、たしかに先ほどたっぷり出しましたので……」と報告が事後になることが多くなった。

主訴を伝える前に診断を下してくれるなよ、千里眼を持つ医者かよ。

5

「よく、そんなに気がつくね」と言ったことがある。

すると夫は、「だって君のことが大好きだからね」「毎日、かわいいなぁ、大好きだなぁと思いながら見てるからね」と、そんなの当たり前じゃないかと言わんばかりの自慢げな表情で答えた。

今年の年末年始は、わたしの実家で過ごした。

上げ膳据え膳、暴飲暴食の寝正月。

わたしの実家では、大晦日の夕方から、明けて1月3日まで、食っちゃ寝するのが定例だ。

その期間は、ダイエットや栄養バランスについて考えることを放棄する。

そのせいか、やっぱりうんこは出ていなかった。

実家でだらけきった時間を過ごし、そろそろ自分の家に帰ろうかと荷物を片づけていると、近くから視線を感じた。……もしかして。

熱い視線の犯人は、夫だ。

「ねぇ、ずっとうんこ出てないでしょ」

「うん、ずっと出てない」

そういつものように答えると、「やっぱり。うんこが出てない顔をしてるなぁと思ってた」と、夫は得意げに納得した。

「うんこが出てない顔をしてるなぁ、と思ってる顔をしてるなぁ、と思ってたよ」とわたしが言ってやると、夫は「え！　なんでわかったの？」と驚いた。

だって、わたしもあなたのことを大好きだなぁと思いながら、毎日見てるからね。

やさしさに守られて

締め切りが差し迫っていた仕事をなんとか終え、ふと時計に目をやると、時刻はすでに午前0時を回っていた。

音を立てないように扉をゆっくりと開けて寝室を覗くと、大の字になっている夫のお腹が上下に動いているのが、暗闇の中にうっすらと見えた。

そうだよね、そりゃあ寝てるよね。

開けたときと同じくらいゆっくりと扉を閉め、凝り固まった肩をぐるぐる回す。

普段はガス代と水道料金の節約のためにシャワーで済ませているが、今日ばかりは頑張った自分を労わってあげようと、浴槽にお湯を張った。

読みかけだった本を手に取り、風呂場に向かう。

持ち込んだ本が濡れないように手を高く掲げながら、熱いお湯に体を沈める。

ああ、今日のわたしはよく頑張った。頑張りすぎて褒めずにはいられない。ほんとうに、ほんとうに偉かった。

心の中で自画自賛しながら、緊張で硬くなっていた心と体が徐々にほぐれていくのを感じる。

明日は、久しぶりのデートだ。

いや、明日じゃなくてもう今日か。

昨日と今日の境目がわからなくなるくらい仕事を頑張ったおかげで、思う存分楽しめそうだ。

明日は天気がいいらしいし、なにを着て行こうかな。

さくらんぼ狩りに行く予定だから、きっと動きやすい服装がいいよね。

そうだ、あのお気に入りのピアスをして行こう。

たしか、前の日に飲みに行ったとき、帰り道に酔っ払って落とさないようにと、店を出る前に外してカバンのポケットに入れておいたんだった。

お風呂から上がったら、ちゃんとアクセサリーボックスにしまっておこう。

だってあのピアスは、とびっきりのお気に入りで、大切なものだから。

5

デートに思いを馳せていると、気づけば額からは汗がだらだらと流れ落ち、全身が赤く染まっていた。

このままではのぼせてしまうと、せっかく持ち込んだのに1ページも読まなかった本を脱衣所の洗濯機の上に置き、全身を丁寧に洗ったあと、お風呂から上がった。

とりあえず、ピアスだけは忘れないようにしまっておこう。

頭と肩から湯気を出し、濡れた髪のままカバンの中に手をつっこむ。

あれ？

ピアスが片方しかない。

慌ててカバンをひっくり返し、テーブルの上に中身をぶちまけてみるものの、何度確認してももう片方が出てこない。

たった今、この瞬間までほこほこだった全身から、血の気が引くのを感じた。

なんで。どうして。

どうしてないの。

前日、わたしは友人と焼き鳥屋さんに行った。

ある程度お腹が満たされたところで、ほろ酔い気分のままなじみのバーに移動し、一緒にお酒を飲んだ。

なかなかの酔っ払い具合だったが、ピアスに関してだけは正気を保っていた。

絶対になくしちゃいけない、絶対に落としちゃいけないと、店を出る前に外してカバンに入れたのを、確実に覚えている。

だから、片方はカバンに入っていたのだろう。

その後、バーの隣にあるコンビニに寄り、タクシーで帰宅した。

家に到着し、床に服を脱ぎ捨て、シャワーを軽く浴び、その日は寝た。

翌日外出はしたが、このカバンは一度も開けていない。

なのにどうして、ピアスがないんだろう。

このピアスは、他に代えがたい、わたしの宝物なのに。


わたしたちは、北海道出身と沖縄出身の夫婦だ。当時は京都在住で、お互いに特にこだわりがないということもあり、いろいろと面倒くさいからと、結納も挙式も披露

5

宴もしなかった。

　それでも一応写真だけは撮っておこうと決めていたが、これもまた面倒くさいという理由でずるずると先延ばしになり、すでに結婚生活は3年目に突入していた。

　いつかは撮らなくちゃな～と、漠然とした気持ちのまま北海道に移り住んでしばらくしてから、なじみのバーでフォトグラファーの人と仲良くなり、先日ようやく撮ってもらったばかりだ。

「一生に一度」とも称されるフォトウェディングは、きっと特別なもので、特に女性はこだわりを持って臨むものだろう。

　しかし、わたしは極度の面倒くさがり屋なため、シチュエーションや場所はもちろん、髪型やメイクだって、「全部おまかせで」と丸投げだった。

　ただ、唯一、ピアスだけは、撮影当日に自ら「これをつけて写真を撮りたい」と持ち込んだものだった。

　そのピアスは、撮影の少し前に、夫がわたしにプレゼントしてくれたものだ。

　一緒に買い物に出かけ、友達が勤める古着屋さんに寄ったときのこと。

友達に「今度、フォトウェディングやるんだよね」と話しているとき、ディスプレイされているピアスが目に入った。

それは、ゴールドの基盤に、生成り色のパールがたくさんついた、存在感はあるのにどこか繊細さを感じさせる、まるで藤の花のような美しいデザイン。

わたしは、一目で心を奪われた。

「あ、これ素敵！」と手に取ったが、素敵に思うものはやっぱり値段が高い。

決して何万、何十万もするシロモノではないが、ピアス一つにこの値段はちょっと手が出せない。

黙ってそれを戻したわたしに、夫は「買わないの？　かわいいのに」と聞いた。

「うーん、やっぱりいいや。やめる」

「買わないのは、よく見たらそんなに好きなデザインじゃなかったから？　それとも値段が理由？」

わたしは正直に、「値段が理由」と答えた。

すると夫は、「じゃあ、おれが買ってあげるね」とピアスを手に取り、店員である友達に渡した。

5

「えー！　なんで！　誕生日でもないのに。いいよ、買ってもらうだなんて悪いよ」

「いいのいいの、なんとなく、なんとなーくね」

お金を払い、友達に「よかったじゃん〜！」と冷やかされながら店を出たあとも、あまりのうれしさに笑みを抑えきれない。

「とってもうれしい、ありがとうね」

そう言って夫の顔を覗き込むと、「そうやって君はほんとうに喜んでくれるからね、だからプレゼントしたくなっちゃうんだよ」と、わたし以上にうれしそうに笑っていた。


その、お気に入りの、夫がプレゼントしてくれた、大事な大事なピアスが、ない。

何度もカバンの中に手をつっこみ、隅から隅まで手を動かしても、ピアスの感触はたしかめられない。

カバンを逆さまにし、激しく振っても落ちてこない。

前日に着ていた服のポケットをひっくり返しても、なにも入っていない。

「もしかしたら家の中に落ちているのかも」と、床に這いつくばって家中を移動しても、視界に捉えるのは掃除をサボっていたせいで落ちているほこりと髪の毛だけ。

「間違えてゴミと一緒に捨ててしまったかもしれない」と、ゴミ箱の中を漁っても、もちろんゴミしかない。

タクシー会社、帰りに寄ったコンビニ、飲んでいたバーに連絡をしてみたが、ピアスの落とし物は届いていないという。

タクシーを降りてから家に入るまでの間、カバンから鍵を取り出したときに落としてしまった可能性もあると思いつき、寝巻き姿で濡れた髪のまま、家を飛び出した。

お風呂に入ったばかりの体が汚れることも厭わず、マンションの共有スペースに這いつくばって探すが、見つからない。

一縷《いちる》の望みをかけ、そのままマンションを出てスマホの明かりを頼りに外を探してみても、ピアスが見つかることはなかった。


どうしてないんだろう。どうして見つからないんだろう。

もう、なにもわからない。

無理矢理に気持ちを落ち着かせて記憶を辿ってみるが、辿れば辿るほど、自分の都合のいいように記憶を改変しているように思えて、なにも信用できない。

なんとなく、ここで泣いてしまったらもう一生ピアスはわたしのところに戻ってこない気がして、必死に涙をこらえる。

大丈夫、大丈夫。

今のわたしは冷静じゃないから、明日落ち着いて探せばきっと見つかるはず。

一日中仕事をしていて疲れているから、記憶もあやふやなんだ。

明日起きて、太陽が出ているときに、改めて探そう。

大丈夫、きっと見つかる。

そう自分に言い聞かせ、布団に深く潜り込んだ。

5

ついさっきまで深い眠りの中にいたはずの夫が、隣にわたしの気配を感じたのか、寝ぼけまなこで「お疲れさま……こんなに遅くまで仕事を頑張ってえらいね……」と声をかけてきた。

やさしい声を聞いた途端、ずっと我慢していたものが込み上げ、涙が溢れた。

かなしくて、申し訳なくて、静かになんて泣けない。

まるで獣のようにウォンウォン吠えるわたしに驚き、先ほどまで夢の中にいた夫が覚醒した。

ピアスをなくしてしまったこと。一生懸命探したけれど見つからなかったこと。せっかくプレゼントしてくれたのに大事にできなくて申し訳ないこと。とても気に入っていたのになくしてしまってかなしいこと。声を詰まらせ、鼻水をズルズルすすりながら、止まらない涙の理由を説明した。

夫は怒ることも、問い詰めることもせず、「そっかぁ、すごく気に入ってたもんね」「かなしいね、でもかなしまないでほしい」「君が大事にしてたこと、ちゃんと知ってるよ」「ピアスはなくなっちゃったけど、それをつけて撮った写真はずっと残るよ」「明日一緒に探そうね、きっと見つかるよ」と、わたしが泣き疲れて眠るまで、背中をひたすら撫で続けてくれた。

散々泣いたせいか、翌朝は頭がズキズキと痛み、まぶたが開きにくかった。

鏡を見ると顔はパンパンにむくんでいて、思わず「うわ……ブサイク……」と声が

5

漏れ出た。

暗い気持ちのまま準備をし、予定通り夫と出かける。

その日は山奥でさくらんぼ狩りをし、友達の店で蕎麦を食べ、腹ごなしの散歩をし、休憩がてら喫茶店で冷たいコーヒーを飲んだ。

デート中はとても楽しかったが、頭の隅っこにはピアスのことがずっとあった。

帰るやいなや、休む間もなくピアスの捜索を開始する。

必死の形相で探すわたしに、夫も一緒になって探してくれる。

しかし、いくら探したところで、やっぱりピアスは見つからない。

もう、きっと、一生見つからない。


昨晩と同じように、泣きながら謝るわたしに、夫はやさしく言った。

「おれは怒ってないから、もう謝らないでほしい」

「ねぇ、どこにあるんだろうとか、どこで落としちゃったんだろうとか、そういうの考えるのは、もうやめよう」

「ほら、今日のデートを思い出して。とっても楽しくなかった？　おれはすっごく楽しかったよ」

「ピアスはなくなっちゃったけれど、きっとまた素敵な出会いがあるはずだよ」

「だからね、大丈夫」

そう慰めてくれる夫の顔を見ながら、昔とある人に言われた「大切なものがなくなったり壊れたりしちゃうってことはね、その持ち主に降りかかるはずだった災いを、ものが代わりに引き受けてくれたってことなんだよ」という言葉を思い出した。

わたしがなくしてしまったピアスも、そうだったのだろうか。

降りかかるはずだった災いを代わりに引き受けてくれた、プレゼントのピアス。

なくしてしまったことを悲しんでいるわたしに、やさしい言葉をかけてくれる夫。

わたしは、いつも多くのやさしさに守られ過ぎている。

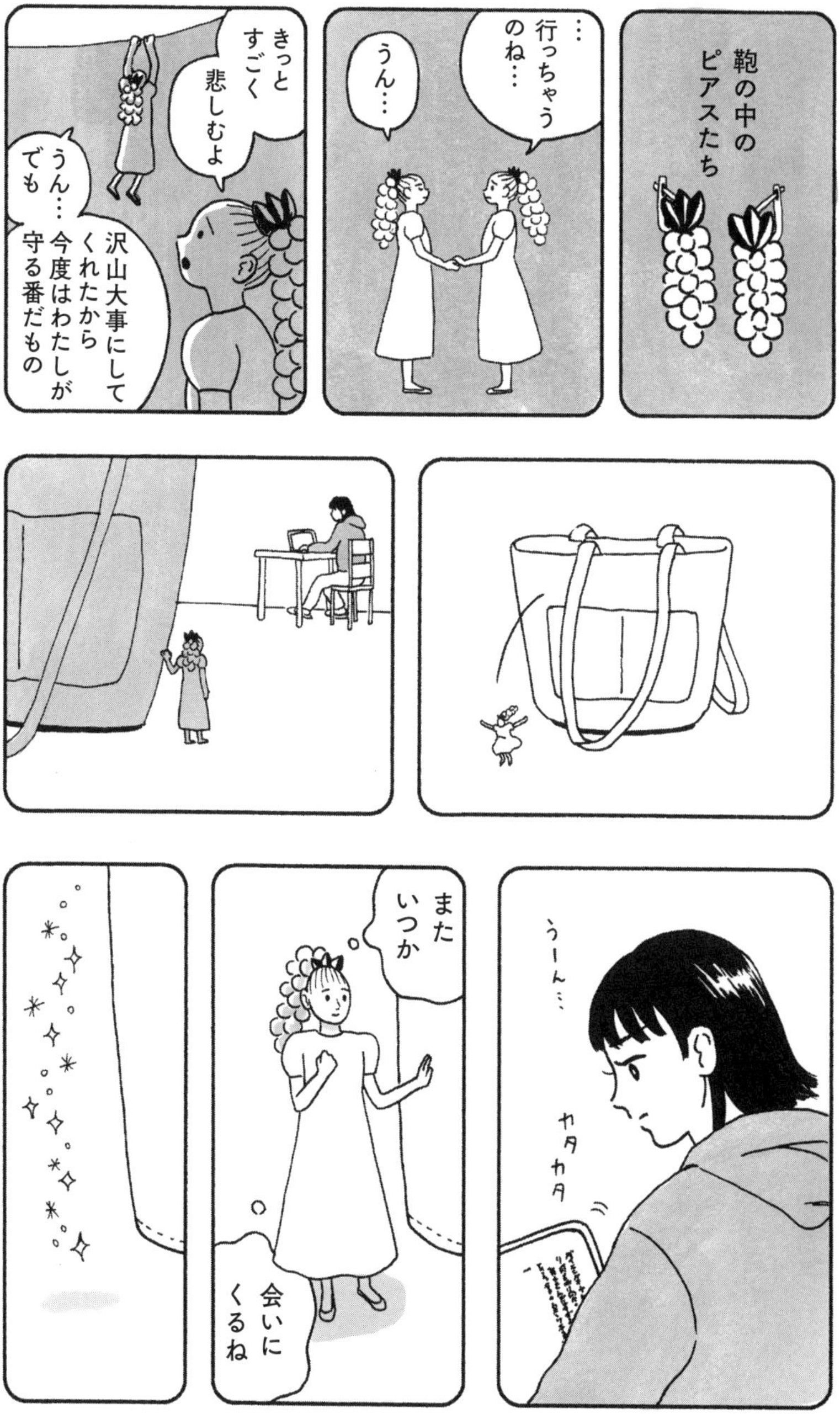
鞄の中のピアスたち
…行っちゃうのね…
うん…
きっとすごく悲しむよ
うん… でも
沢山大事にしてくれたから今度はわたしが守る番だもの
うーん…
カタカタ
またいつか
会いにくるね

深夜の散歩

一日中、なんのやる気も起きず、食事もテキトーで引きこもってクサクサしているとき。嫌なことがあってめそめそしているとき。暇で暇で仕方がないのになにをしたいのかわからないとき。なんだか最近運動不足だなぁと感じたとき。体が熱くて眠れないとき。

そんな一日が終わろうとする頃、夫はよく「どうする？　お散歩でも行く？」とわたしを誘う。

こちらから相談を持ちかけたわけでも、提案をしたわけでもないのに投げかけられる「どうする？」という散歩のお誘いは、夫の愛情で、今の自分に必要なものだということを、わたしはよく知っている。

だから、「いいよ、行こうか」と、決まってその誘いに乗る。

5

深夜に散歩をするようになったのは、まだ京都で暮らしていた頃。

当時住んでいた家は、最寄り駅まで徒歩5分。

近所には大きなスーパーと、ドラッグストアがいくつかあった。

ごはんをつくるのが面倒なときに便利なお弁当屋さんやお総菜屋さん、チェーンのファストフード、数軒のコンビニ。

さらには、気軽に行けるなじみの店もあり、徒歩10分圏内で生活に必要なもののすべてがそろい、娯楽までもが満たされる。

会社員を辞め、エッセイストと主婦の二足の草鞋《わらじ》……とは到底言えない、ほぼニートのような生活。

基本的に行くのはスーパーとドトールだけ。

車もなければ外に出る気力も理由もないわたしは、徒歩10分を越えたところになにがあるのかも知らず、その狭い生活圏ですべてを賄《まかな》い、完結させていた。

それで、十分だと思っていた。

しかし、北海道への引っ越しまで2ヶ月を切ったところで、相変わらずスーパーとドトールにしか行かないわたしに、夫が突然「いいのかそれで！　もう少し名残惜しさを感じろ！　もっと京都を謳歌しておくべきではないのか！」と立ち上がった。

「いや別に、3年も住んでりゃ十分に満喫したし」

「ドトールに通いすぎて、ポイントカードがプラチナ会員になっただけじゃないか！」

「ドトールをバカにすんな！　こちとらレジに並んだだけでアメリカンコーヒーのMサイズを準備されるほどの常連だぞ！」

「それはすごいけど！　ドトールは札幌にもあるだろうが！」

床に転がったままドトールの素晴らしさを語るわたしを半ば無理やり起こし、着の身着のまま慌ただしくもサンダルに足を突っ込まされ、二人で外に飛び出した。

どこへ行くでもない、なんの目的もない。ただひたすらに歩き続けて30分ほどのところにある自動販売機でジュースを買い、また来た道を引き返したのが始まりである。

これのどこで京都のなにを謳歌できたのかはわからないが、この散歩がきっかけとなり、わたしたちはよく深夜の散歩に繰り出すようになった。

京都を離れるまでの2ヶ月間、そして北海道に越してから1年以上経った今も、深夜の散歩は続いている。

肌寒い春も、蒸し暑く不快な夏も、寂しいにおいのする秋も、張り詰めたように痛い冬も。

5

わたしたちの深夜の散歩は、ただ、ひたすらに歩くだけ。

ちょっと一杯ひっかけようか。カラオケ行きたくない？　コンビニにアイス買いに行っちゃう？　そんな、これといった目的は一つもない。

前回は西のほうに行ったから、今回は東のほうを攻めてみますか。

今日はどっちに行く？　あっちのほうはまだ行ってないよね。

この細い道いいじゃん、ちょっと入ってみようよ。

なんの変哲もない住宅街を、真っ暗な工場地帯を、車がびゅんびゅん追い越していく国道を、静かな川辺を、ただひたすら、あてもなく歩く。

雨が降ったら帰ろう。寒くなったら帰ろう。そんなことを言いながら、長いときは2時間ほど歩き続ける。

もともと、わたしたち夫婦は会話が多いほうだと思う。

いつだって、好き！　サイコー！　愛してる！　世界一だぜ！　マイビッグエンジェル！　エターナルラブ！　などと言い合って過ごしているのだ。

向かい合ってごはんを食べているときは、お互いにその日の出来事はもちろん、真面目な話だってするし、それぞれが別のことをしていても「ねぇねぇ」と話しかけることもある。

話題に困ったことなんてないし、沈黙も苦痛ではない。

でもなぜか、深夜に散歩に出かけると、普段はしないような話になる。

歩くスピードを合わせ、ずっとずっと遠くを見つめる。

あの家すごいね、窓がすっごく大きい。きっと日当たり抜群だよ。

もし家を買うことになったら、絶対に大きい窓があって日当たりのいい家がいいね。夏は窓を全開にしてさ、日が沈む頃に涼しい風を感じながらお風呂上がりにビールを飲むの。

いいねぇ、そんなの絶対に幸せじゃん。

わたしの実家さぁ、窓がすごい大きいでしょ。家の前が通学路の分かれ道で、いつも子供たちが別れがたくていつまでも立ち話してるのが窓から見えてさ。あれ、見

5

るの好きなんだよねぇ。

ねぇあそこ見て、家と家の隙間が全くないよ。どうやって建てたんだろ。壁とか塗れなくない？　職人さんたいへんだよ。

きっとその部分を塗るのは最初から諦めてて、そのままなんだよ。

えーそんなことあるかなぁ。壁の一枚だけ古いままなの、最悪じゃん。

誰も見ないし、見えないよ。

あ、歯医者さんが道路を挟んで向かい側にある。競合してる！

両方ともやっていけてるのかなぁ。

こっちは建物が古いから、昔からなじみの患者さんが来るのかも。

じゃあもう一つのほうはまだ新しいから、きっとネット予約とかを取り入れていて若い人が来るのかもね。

上手く気を遣い合って、共存してるんだろうねぇ。

このコンビニ、こんな住宅街にあるのに24時間営業だ。
誰も来なそうなのにね。
やってることに意義があるのかも。
時代に逆行してる。
おれさぁ、子供の頃の将来の夢、コンビニのアルバイトだったよ。
えーなんで。
こんなに、なんでも売ってる夢のような場所は他にないと思ってたから。
あなたの子供の頃の話は胸がきゅっとなるんだよなぁ。

あ、バス停。
駅から離れてるからさ、きっと冬に学生がたくさん乗るんだよ。
うちの前にバス停があってさ。よくそこに時間ギリギリに走ってくる子がいて、
しょっちゅうバスを待たせてるの。
数分早く起きることがなによりつらいんだろうねぇ。

5

わ、この高校すごい。いろんな部活が全国大会に出てる。
わたし、中学校のとき吹奏楽部で、全道大会で金賞だったよ。
すごいじゃん。
一時期同じパートの子にハブられてたけど。
え！　想像できない！
意外とねぇ、おとなしい生徒だったんだよ。
ふうん。
信じてないでしょ。
そんなことないよ。
ここらへんの学校に通ってる子たちはどこでデートするんだろ。
おれは遊びに行くところがなかったからいつも実家だったな。
わたしもだよ、地方あるあるだね。

うわぁ、大豪邸。きっとここらへんで一番権力がある地主だ。
このあたりでこの広さなら、ウン千万じゃ済まないよ。

でも、こんなに広かったら掃除が大変だし持て余しちゃうよね。駅からも遠いし年取ったときにしんどいと思う。

お金持ちはそんな心配しなくて大丈夫だよ。

まあ、わたしたちはジジババになったら中心部に近いマンションに住もう。


ねぇ、1億円あったらどうする？

えー、海外旅行と家を建てる。

それでも余るよ。

残りは貯金。

相変わらず現実的だなぁ。わたしにマルジェラのTabiブーツ買って。

いくら？

んー10万くらい？

1億円当たったら、そんなのいくらでも買ってあげるよ。


ここらへんは物悲しいな……。なんだかつらくなってきた。

5

え？　なんで？

わかんないかなぁ、君にはわかんないだろう。なぜなら情緒がないから。

あなたが繊細すぎるだけでしょう。すーぐ落ち込む。


歩きながら、まだ知らなかったお互いの過去を愛おしく思う。

歩きながら、いつまでも隣にいることが当たり前として、未来に思いを馳せる。

深夜の、寝静まった街。でも、誰かが生活していることを明確に感じながら、自分たちの生活と照らし合わせる。

これまでのお互いの暮らしを見せ合い、ゆっくりと答え合わせをする。

あてのない深夜の散歩でくたくたになったわたしたちは、いつもの心地よさがある家に帰り、今夜も仲良く一つに丸まって、明日からもまた、一緒に暮らしていく。

結婚って〝なんかいい〟

夫と結婚して、まる3年。

これまで、一度たりとも夫との結婚に後悔したことはなく、毎日、毎時間、毎分、毎秒、「あぁ、この人と結婚してほんとうによかったな」と思いながら暮らしている。

昔から結婚願望が強くて、それが叶ったからうれしい、というわけではない。結婚をすることで利用できる行政のサービスや経済的な負担軽減など、なんらかの恩恵を受けられて得だ、というのはたしかにあるのかもしれないが、それほど重要視はしていない。

世間から適齢期と言われる年齢になった今、「結婚しないの？　もういい歳じゃない？」と心ないプレッシャーをかけられる心配がなくてよかった、とホッとする気持ちもない。

体調を崩して心細さを感じたときに家に誰かがいてくれる安心感。出口のない悩みを聞いてくれる人がいる救い。素晴らしい作品に触れた感動を共有できる喜び。

もちろんそれもあるが、わたしが言いたいのはそういうことじゃない。

結婚って、夫との暮らしって、〝なんかいい〟のだ。

わたしは、夫との結婚生活で、理由を上手に説明できない、言語化するのは野暮に感じるような、「結婚って、なんかいい」をずっと繰り返している。

5

わたしは、夫のことが好きで好きでたまらなくて結婚した。

夫も、きっと同じだろう。

世間体だとか、そのほうがなにかと都合がいいとか、嫌なことを避けるためにとか、そういう、損得勘定を抜きに出した結果だ。

わたしたちは、ただ気が合って、相手のことが好きだから。なんだかうまく言えないけれど、この人と一緒にいると幸せだから。その考えがお互いに合致したから、結婚という制度にただ乗っかっただけ。

それ以上でも、それ以下でもない。

すべての価値観が合うだなんて夢物語だし、わたしと夫は別の人間だという認識もある。

喜びも、かなしみも、楽しさも、怒りも、ときめきも、諦めも、すべての感情を共有しようとはハナから思っていない。

別に、大金持ちというわけでも、社会的に華やかな生活を送っているというわけでもないし、周囲から羨望の眼差しを一身に浴びるような暮らしぶりでもないだろう。

ただ、普通に、居心地がいい。

普通の基準が、居心地がいいと感じる基準が、限りなく近いことに幸せを感じている。


新婚旅行でスペインを訪れたときのこと。

心を奪われるセビーリャの陶器。テレビで観て一度は行きたいと思っていたサグラダ・ファミリア。情熱的なフラメンコ。胃袋も心も満たされる美食の街、サンセバスチャン。シエスタで海を訪れる人々。美しい街並み。歴史的な建造物。湿り気のない風。美しいチョコレート。かわいい雑貨や洋服。

5

目に映るものすべてを吸収しようと、連日連夜、体力が続く限り歩き回り、スペインを大いに満喫した。

10日間の滞在中は天候に恵まれ、トラブルに遭遇することもなかったのだが、最終日の朝だけ、突然バケツをひっくり返したような土砂降りに見舞われた。

旅の締め括りに、とずっと楽しみにしていたガウディのカサ・バトリョ。この雨では、さすがに厳しい。

仕方なく、飛行機の時間までホテル近くのカフェで時間を潰すことにした。

悔しい気持ちを抱えたまま、サクサクのパン・オ・ショコラを頬張り、熱いエスプレッソを啜る。

窓の外を眺めると、大粒の雨の向こうに、軒先で雨宿りしている人が見えた。

旅行中、ずっと垂れ流しだったアドレナリンが雨に洗い流されたのか、ふっと体の力が抜けるのを感じた。

旅行に来てから初めて感じる心地よい疲労感と、帰ったらまた忙しない日常が始まるんだという一抹の寂しさからか、しだいに口数は減っていき、わたしたちは小さな店内に響き渡る大きな雨音を黙って聞いていた。

最後に、残念だったな。スペインなんてなかなか来られないのに。でも、なんかこういうのもいいな。

そんなことを思っていると、夫の口から「こういうのもさ、なんかいいね」と聞こえた。

そうなんだよ。なんかいいんだよ。

なかなか寝つけずにいる深夜。

「眠れないねぇ」

「そうだね、眠れない」

「湯船に浸かって温まったら眠れるかな」

「いいねぇ、お風呂に入りたい」

「でも、そうなると浴槽を掃除しないといけない……」

「それは面倒くさいなぁ……」

「わかる……」

と会話した直後に、二人とも眠りに落ちてしまったこと。

5

暑くて寝苦しい日。

「暑い」

「暑くて死んでしまう」

「アイスノンつかいなよ」

「ありがとう、でも君はどうするの」

「わたしはいいよ。あなたは明日仕事なんだし、寝不足だとつらいでしょ」

「じゃあ、半分こしよう」

と、小さいアイスノンに頭を無理矢理に二つ乗せて寝たせいで、結局お互いに寝不足になったこと。


休日の午前中。

いつもより遅く起き、顔も洗わずそのままベッドの中でそれぞれゲームをしたり、漫画を読んだり、思い思いにゴロゴロして、

「もう11時じゃん」

「お腹空いた」

「なに食べる？」

「クロワッサン……」

「ないよ」

「じゃあ買いに行こう」

「しゃーない、行くか」

とのそのそ起き上がり、テキトーな服に着替えて寝ぐせをそのままに、手を繫いでパン屋さんに行ったこと。


雪が降りしきる真冬の夜。寒空の中、突然思い立ってびっくりドンキーに行き、ポテサラパケットディッシュとチョコレートパフェを食べ、お腹いっぱいの状態で二人して毛布にくるまりストーブの前で転がったこと。

仕事帰りに待ち合わせをして、百貨店で見切り品になった総菜を買い込み、大きな公園で食べながらなにを話すでもなく、日が沈むのを一緒に眺めたこと。

そういう、大したことない出来事の中で、たしかに存在する豊かさを、わたしはな

5

んかいいなと思う。

仕事を終え、どこへも寄らずにまっすぐ帰宅して「ずっと会いたかった！」と大げさに言う夫も、落ち込んでいるときに「太陽を浴びてないから気持ちが沈むんだよ！外に出ろ！」と背中を叩くと素直に出かける夫も、植物をすぐに枯らしてしまうわたしにめげずに花をプレゼントしてくれる夫も、わたしがめそめそしているときにパルムを差し出してくれる夫も、締め切り前にぼろぼろになっているときに「疲れた顔の奥に、たしかなかわいさがある」と真顔で言う夫も、うんこが出なくて苦しむわたしのお腹を一生懸命にマッサージしてくれる夫も、ごはん支度が面倒でシャウエッセンをレンチンしただけのものを出したら「おれ、マスタードつけちゃお〜！」とうきうきする夫も、隣にいるわたしの存在を寝ぼけながらたしかめようと手を伸ばす夫も、わたしが「なんかいいな」とふと思ったときに示し合わせたように「なんかいいね」とこぼす夫も、全部、〝なんかいいな〟と思う。

やさしさだと一括りにしてしまうのは、もったいない気がする。

相性がいいと片づけてしまうのは、怠けている気がする。

夫のふいに見せる言動が、存在そのものが、いちいち琴線に触れる。

言語化できないし、したくない。するつもりもない。

上手に説明できない〝なんかいい〟をずっと感じながら、暮らしていきたい。

そういう風に思えるから、結婚してよかったと思っている。


夕食を終え、それぞれが思い思いにくつろいで過ごすいつもの夜。

自分の部屋で本を読んでいた夫が、「小腹が空いてきた……」とリビングに現れた。

「カップラーメンでも食べちゃおうかな、あのとんこつのやつ」

「おじさんなんだから胃もたれしちゃうよ」

「えーじゃあどうしよう」

「仕方ないなぁ、ちょっと待ってて」

観ていた録画番組を一旦止め、台所に立つ。

ラップに包んで粗熱を取っていたごはんをレンジにかけ、少し前につくっておいたイクラのしょうゆ漬けを冷蔵庫から取り出す。

5

水で濡らした手に、レンジで温めたごはんを乗せ、その真ん中にスプーンですくったイクラを乗せる。

想像以上にごはんが熱く、イクラはさらさらで筋子のようにはまとまらない。

熱い！　やけどする！　ワーッ！　イクラがこぼれた！　どうしよう！

あれこれ悪戦苦闘しながらもなんとか握ろうとしたが、できあがったものはかたちが歪《いびつ》で、ごはんからはイクラが溢れ出し、海苔の巻き方もめちゃくちゃだ。

「ごめん、なんか思ったより上手にできなかった」

そう言って、夜食にしては大きくて汚いイクラのおにぎりを差し出すと、夫は

「おれはねぇ、君と結婚してほんとうに幸せだよ」

と、うれしそうに頬張った。

あとがき

わたしの結婚生活、マジでめちゃくちゃ楽しそうだな〜。

そんなことを考えながら原稿を書き、何度も直し、本になりました。

この書籍は、大和書房のＨＰで結婚生活をテーマに連載していた12本を加筆修正し、15本の書き下ろしを加えたものになります。

夫との結婚生活をメインに書いていますが、わたしはこの書籍で「結婚という制度がいかに素晴らしいか」「楽しいから絶対にしたほうがいいよ」などと押し付けたいわけではありません。結婚は、あくまでも自分が幸せになるための数ある手段のひとつであって、最終的な目的や目標ではないと思っています。

タイトルの『今日もふたり、スキップで』の〝ふたり〟というのは、夫はもちろんのこと、親だったり、友達だったり、同僚だったり、よく行く飲み屋の店主だったり、これまでの人生で関わってきたすべての愛する人たちが含まれます。わたしの平凡でありながらも楽しくってしょうがない日常は、そういう多くの愛で成り立っています。

読んでくださったみなさまも、恋人、配偶者、親、子供、きょうだい、同僚、推し、趣味……そんな愛する人やものたちとの生活って、きっとスキップしたくなるくらい楽しいはずです。そうやって、いつまでも暮らしていきたいですよね。

書籍化にあたって、最初から最後まで共にヒィヒィ言いながら歩んでくださった担当編集の篠原さま、ほんとうにありがとうございました。〝対話〟ができる方と一緒にお仕事をさせていただけたことは、なによりの幸せだと思っています。

また、このたびイラスト・漫画を手がけてくださった大白小蟹さま、ブックデザインのアルビレオのみなさま、タイトル原案のsaori・tanakaさま、推薦コメントを寄せてくださったくるりの岸田繁さま、この書籍のために尽力してくださった関係者のみなさま、全国の書店員さま、ありがとうございました。

そして、この本を最後まで読んで「へぇ、なんか楽しそうだねぇ」とクスッと笑ってくださった読者のみなさまに、心からの感謝と、ものすごい愛を。

令和2年　11月吉日　ものすごい愛

ものすごい愛　MONOSUGOI AI

札幌在住。エッセイスト、薬剤師。心身ともにド健康で毎日明るく楽しく暮らしている。明朗快活で前向きな発言、最愛の夫との仲良し生活を綴ったツイートで人気を博す。回転寿司では最初と最後にアジを食べる。『命に過ぎたる愛なし ～女の子のための恋愛相談』(内外出版社)、『ものすごい愛のものすごい愛し方、ものすごい愛され方』(KADOKAWA)が絶賛発売中。現在、AMで『命に過ぎたる愛なし』を連載中の他、様々なメディアにエッセイを寄稿。

HP：https://monosugoiai.com/
Twitter & Instagram：@mnsgi_ai

結婚って
“なんかいい”
今日もふたり、スキップで

2020年11月22日　第1刷発行

著者　ものすごい愛《あい》
発行者　佐藤 靖
発行所　大和《だいわ》書房
東京都文京区関口1-33-4
電話03-3203-4511
編集　篠原明日美
本文印刷所　厚徳社
カバー印刷　歩プロセス
製本所　小泉製本

ISBN978-4-479-77226-2
乱丁本・落丁本はお取り替えいたします
http://www.daiwashobo.co.jp